Peter Strasser
Morgengrauen

Peter Strasser

Morgengrauen

Journal zum philosophischen
Hausgebrauch

Wilhelm Fink

Umschlagabbildung:
Ausschnitt aus einer Bildmontage von Mario Kaiser
http://www.avenue.jetzt/cyborgs/im-igestell/

Bibliografische Information der Deutschen Nationalbibliothek

Die Deutsche Nationalbibliothek verzeichnet diese Publikation in der Deutschen Nationalbibliografie; detaillierte bibliografische Daten sind im Internet über http://dnb.d-nb.de abrufbar.

Alle Rechte, auch die des auszugsweisen Nachdrucks, der fotomechanischen Wiedergabe und der Übersetzung, vorbehalten. Dies betrifft auch die Vervielfältigung und Übertragung einzelner Textabschnitte, Zeichnungen oder Bilder durch alle Verfahren wie Speicherung und Übertragung auf Papier, Transparente, Filme, Bänder, Platten und andere Medien, soweit es nicht §§ 53 und 54 UrhG ausdrücklich gestatten.

© 2017 Wilhelm Fink, Paderborn
(Wilhelm Fink GmbH & Co. Verlags-KG, Jühenplatz 1,
D-33098 Paderborn)

Internet: www.fink.de

Einbandgestaltung: Evelyn Ziegler, München
Printed in Germany
Herstellung: Ferdinand Schöningh GmbH & Co. KG, Paderborn

ISBN 978-3-7705-6144-5

*Für Emma und Hedi,
für später*

INHALT

Vorbemerkung
Frühstück im papierenen Haus des Seins
9

Teil 1   Der tägliche Weltuntergang
Herbst / Spätherbst 2015
11

Teil 2   Verlegthaben und Nichtfindenkönnen
Frühwinter 2015
69

Teil 3   Die Kunstpause der Morgenpredigerin
Winter 2015 / 2016
139

Teil 4   Mit dem falschen Fuß richtig aufstehen
Vorfrühling / Frühling 2016
195

Danksagung
247

Namensverzeichnis
249

Vorbemerkung
Frühstück im papierenen Haus des Seins

Ein Philosoph (ich) sitzt zuhause und schreibt über seine kleine Welt, die, unbemerkt, in der großen ihren Einzug hält. Er baut, Morgen für Morgen, an seinem papierenen Haus des Seins; er nennt es „Journal zum philosophischen Hausgebrauch". *In my beginning is my end,* heißt es bei T. S. Eliot; beim Philosophen heißt es „Morgengrauen". Dem Philosophen graut vorm täglichen Weltuntergang. Dagegen schreibt er an, während er nicht versäumt, Morgen für Morgen das Frühstück zu bereiten, umgeben von seinen Lieben, die seinem Leben Lebendigkeit spenden. Während draußen die Fakten „Fakten schaffen", kultiviert der Philosoph seine Häuslichkeit – seine kleine, trotzig-heimelige Morgenwelt, in der die große schon immer klirrend Einzug gehalten hat: Die Völker fliehen vor Hunger, Krieg und Tod; im Morgengrauen brechen sie auf, Tag für Tag, einem Abendland entgegen, das hinterm Stacheldraht sein christliches Jahr der Barmherzigkeit feiert. Es ist, wie es ist. Der Philosoph (ich) schreibt an gegen die Tautologie des Faktischen. Der Fakten gewärtig, die „Fakten schaffen", baut er schreibend an seinem papierenen Haus des Seins, worin das Morgengrauen ein Versprechen zu bergen scheint – und birgt es denn keins? –: *In my end is my beginning,* „Es ist, wie es ist, und es ist gut". Darauf, auf diese Vergeblichkeit hin, ohne die kein Menschsein möglich wäre, schreibt er Morgen für Morgen zu.

Teil 1
Der tägliche Weltuntergang
Herbst / Spätherbst 2015

Nach unten, nicht nach oben

Gerade sitze ich beim Frühstück und lese die Zeitung – „25 unbequeme Fragen zu den Flüchtlingen" –, da sehe ich aus den Augenwinkeln, wie ein zappelnder Körper an meinem Fenster im fünften Stock des Hauses, in dem ich seit mehr als dreißig Jahren wohne, vorbeifliegt – nach unten, in die Tiefe! So etwas ist bisher nicht passiert. Ich denke reflexartig, während mich ein kalter Blitz durchzuckt: Das ist ein Flüchtling. Mir ist sofort klar, dass ich einer Sinnestäuschung unterlegen sein muss, das Wort „Halluzination" spart mein Gehirn barmherzig aus. Denn nein, ich hatte gestern, vor dem Schlafengehen, weder einen Vollrausch, noch hatte ich Drogen genommen. Und nein, sage ich mir jetzt, du schaust nicht aus dem Fenster, ob da unten tatsächlich einer liegt. Stattdessen rufe ich einen psychoanalytisch geschulten Freund an, klingle ihn aus dem Bett und berichte ihm – ob er meine Geschichte auf nüchternem Magen nun hören will oder nicht – mein Fenstervorbeiflugerlebnis von soeben. Ich sage wortwörtlich (ohne auf die Frage des Geschlechts einzugehen): „Einer flog vorbei." Zu meiner Überraschung fragt mich mein Freund: „Nach unten oder nach oben?" Ich erwidere: „Natürlich nach unten!" Darauf mein Freund: „Dann ist es ja gut, weil nach oben wäre schlecht gewesen, ganz schlecht." Ich weiß nicht, ob die Psychoanalyse eine exakte Wissenschaft ist, aber ich muss sagen, die Expertise meines Freundes hat mir den Tag gerettet. Hoffentlich auch für den, der nach unten flog.

Falsche Vorzeichen

Gestern glaubte ich, eine Gestalt am Fenster meiner Frühstücksecke vorbeifliegen zu sehen, in die Tiefe. Heute lasse ich das Fenster nicht aus den Augen, aber nichts passiert. Was sollte auch passieren? Ich stehe sogar mehrmals vom Frühstückstisch auf, blicke nach unten in den Hof, wo aber nur einige Nebelkrähen herumhoppeln und sich um die Nüsse streiten, die jetzt reichlich von den herbstlich belaubten Bäumen fallen. Angesichts der Wahlerfolge der Erben Hitlers in Österreich lese ich in der Zeitung, dass sich „der Zusammenfall von Völkerwanderung und Vertrauensverlust als tödlicher Mix" erweise. Und dann der geflügelte Satz: „Ja, in Linz beginnt's." Dort kam der Teufel motorisiert. In der Nacht war mir ein Bibelzitat aus dem Evangelium des Lukas eingefallen: „Ich sah wohl den Satanas vom Himmel fallen ..." Der Teufel fiel vom Himmel wie ein Blitz: Das muss eine Traumnachbearbeitung meines gestrigen Fenstervorbeisturzerlebnisses gewesen sein. Ich sah ein glühendes Huschen, aber es stürzte *himmelaufwärts*, und dabei hörte ich Arvo Pärts sanfte Stimme, dessen wunderbare Komposition *Adam's Passion* neulich im Fernsehen zu hören und anzuschauen war: „Unser Stammvater hat alle Katastrophen der Menschheit vorausgeahnt und sich selbst die Schuld dafür gegeben, zuletzt aber wieder die Liebe Gottes gesucht." Daher unsere Sehnsucht nach dem Paradies. Alle unsere Vorzeichen deuten in die falsche Richtung, denn sie alle sind selbstfabriziert und eitel. Was in Linz beginnt, endet im Garten Eden.

DAS IST NORMAL

Mein Kopf ist frei von allen Gedanken, die mich zum Denken bringen könnten. „Alles zu seiner Zeit", pflegte meine Großmutter zu sagen, die mir damals, in meinen jungen wilden Jahren, auf die Nerven ging, weil nichts, was ich sagte, „zu seiner Zeit" gesagt wurde. „Alles zu seiner Zeit" war für mich gleichbedeutend mit: „Am besten nie!" Heute weiß ich, dass meine Großmutter es auch genauso gemeint hatte. Sie, die nie aus ihrer Kellerwohnung weiter hinaus in die Welt kam als bis zum Gemischtwarenhändler um die Ecke oder zum stadtrandständigen Friedhof, war dennoch eine Weltweise. Für mich war nichts normal, für sie alles. Für mich war nichts normal, weil ich jeden neuen Tag in der Zeitung, die wir abonniert hatten – ein „linkes" Blatt für die kleinen Leute –, dahingehend belehrt wurde, dass es so nicht weitergehen könne. Wie immer es weiterging, so jedenfalls auf gar keinen Fall. Meine Großmutter las die zu dieser Litanei gehörenden Fakten und Kommentare niemals. Sie sagte: „Immer dasselbe." Statt des Immerselben las sie die Geburts- und Heiratsanzeigen, außerdem, als Krönung ihres morgendlichen Lesevergnügens, die Todesanzeigen mit den schönen Begleittexten. Dazu sagte sie: „Das ist normal." Beim Frühstück werfe ich einen Blick in die Zeitung und was steht da, als Überschrift über dem Leitartikel? „So kann es nicht weitergehen." Und plötzlich geht mir doch noch ein Gedanke durch meinen trüben Morgenkopf: Dass es so nicht weitergehen kann – auch das ist normal. Sehr beruhigend!

Meine kleine Morgenmagie

Als Kind war ich morgens ein unleidliches Geschöpf, etwas, was man hierzulande einen „Grantscherm" nennt. Diesen Umstand kommentierte meine elterliche Umgebung gerne – und wie ich fand, reichlich herzlos – mit dem geflügelten Wort: „Er ist halt wieder einmal mit dem falschen Fuß aufgestanden." Ich bin morgens immer noch ein Grantscherm – ein Umstand, mit dem es eine zugegeben ziemlich kindische Bewandtnis hat: Jeden Morgen versuche ich, nicht mit dem falschen Fuß aufzustehen, das ist zwanghaft oder, je nach Einstellung zum Weltganzen, magisch. Wie steht man mit dem richtigen Fuß auf? Die Antwort scheint leicht, allzu leicht: Indem man peinlich genau vermeidet, mit dem falschen Fuß aufzustehen. Und während ich, im Bett schon mit beiden Füßen ruckelnd und bereit, die magische Handlung zu vollziehen, mir noch überlege, welches heute der richtige Fuß sein könnte, spüre ich bereits, wie in mir der Grant hochsteigt: Ich habe nicht die geringste Ahnung! Mit welchem Fuß auch immer ich aufstehen werde, es wird der falsche Fuß gewesen sein. Damit lässt sich – vorausgesetzt, man verfügt noch über Spuren dessen, was man früher eine althumanistische Bildung nannte – nur das griechische Schicksal vergleichen. Und so wurzle ich mit meinen beiden Morgenfüßen unversehens in der Tiefe meiner abendländischen Herkunft – ein erhebendes Gefühl, das mir mein Los, wieder einmal mit dem falschen Fuß aufgestanden zu sein, dann doch als ein gutes Omen des anbrechenden Tages erscheinen lässt.

Die nicht-signifikanten Anderen in meinem Gesicht

„Seid ihr alle daaaaa?", hat in meiner Kindheit der Kasperl aus seinem Kasperltheaterkasten heraus geschrillt und dabei mit seinem Kopf gewackelt, sodass wir Kinder dachten, ihm müssten gleich die Ohren wegfliegen. Und wir haben alle geantwortet: „Jaaaaa!" Mir kommt Kasperls Frage jetzt in den Sinn, während ich mein Gesicht im Badezimmerspiegel betrachte. Ich gebe zu, dass ich dabei die Augen zudrücke. Wem ich was zugebe, ist mir freilich nicht recht klar, da ich beim Nichtbetrachten meines Badezimmerspiegelmorgengesichts allein im Badezimmer bin. Aber bekanntlich ist man ja nie allein. Kaum schlägt man die Augen auf, sind sie alle da. Sie haben sich im Kopf eingenistet, über die vielen Jahre hin, man weiß weder ihre Namen, noch kennt man ihre Gesichter. Es ist die anonyme Masse der, wie die Psychologie lehrt, „nicht-signifikanten Anderen". Mache ich, nach einem Moment des tiefinnerlichen Missmuts, meine Augen auf, dann sind sie schon alle da – da, in meinem Gesicht, welches mir zugleich abgedroschen vertraut und fühllos fremd erscheint. Ich bin ich im Spiegel, das ist mir unangenehm; aber ich bin auch alle anderen. „Ich ist Nicht-Ich", lehrte Fichte, der Erzidealist, der sicher keinen Badezimmerspiegel hatte, oder? Ich mache also, wie jeden Morgen, meine Augen auf und rufe meinem Konterfei missvergnügt entgegen: „Seid ihr alle daaaaa?" Da höre ich draußen E., meine ältere Enkeltochter, die mir quietschvergnügt durch die Badezimmertür antwortet: „Jaaaa!" Und plötzlich gehört mein Gesicht wieder mir. Das ist schön.

Eins, drei, neun!

Seit gestern weiß ich, dass ich – so jedenfalls drückte sich der gutgelaunte Schilddrüsenspezialist aus – die Schilddrüse eines Elefanten habe. Das klang nach Poesie, bis mir dämmerte, dass unsereiner keine so geartete Drüse haben sollte. Ob Operation oder nicht, derlei Vorfälle haben zur Folge, dass mit zunehmendem Alter aus einer Welt, die einst voll geistiger Poesie war, schon beim Aufwachen eine Wüste trostloser Fakten wird. Man überblickt den Tag und denkt: „Elefantenschilddrüse." Aber heute kommt es doch wieder einmal anders. Es kommt nicht nur E., meine ältere Enkeltochter, zu Besuch (ihr „kindergartenfreier" Tag), sondern meine jüngere Enkeltochter H. kommt gleich mit (ihr „vorkindergartenfreier" Tag). Die Welt der Fakten, in der ich eben noch lustlos herumstocherte, blüht auf. Denn E. und H. wetteifern, während sie bei der Tür hereinstürmen, darum, wer besser bis zehn zählen kann. E. streckt H. der Reihe nach sieben Finger entgegen und tiriliert: „Eins, zwei, drei, vier, fünf, sechs, sieben, eine alte Frau kocht Rüben!" Das lässt sich H. nicht zwei Mal sagen. Sie streckt E. zuerst drei Finger entgegen und dann gleich beide Hände; dazu jauchzt sie, weil ihr das Zählen heute so leicht fällt: „Eins, drei, neun…!" Das Lachen der beiden zeugt von ihrer Freude, die poetischen Wahrheiten der geistigen Welt zu erobern. Und schon ist mein Morgen gerettet. „Elefantenschilddrüse": Jetzt kommt mir vor, das könnte der Titel eines exotischen Abenteuerromans sein.

Frei von mir selbst

Sex ist eine Möglichkeit, Beten eine andere. Darüber hinaus habe ich mir vor langer Zeit schon vorgenommen, jeden Abend, bevor ich einschlafe, mir für den nächsten Tag etwas vorzunehmen. Etwas Sinnvolles, Produktives, mein Leben mit einem Ziel – wie man so sagt – Begabendes. Denn ich leide unter Morgenstress, einmal abgesehen vom Morgengrauen, unter dem ich auch leide. Und vielleicht ist das eine ja die Folge des anderen. Also habe ich mir vorgenommen, mir am Abend für den nächsten Tag etwas vorzunehmen. Die Folge: Abendstress. Denn da ich mir einbilde, ein einfallsreicher Mensch zu sein, habe ich mir außerdem vorgenommen, mir jeden Abend für jeden nächsten Tag etwas Neues vorzunehmen. Dass man lebenslang zu lernen habe, ist ja die Devise unserer Epoche, und unser kategorischer Existenzialimperativ lautet: Erfinde dich neu! Aber die Wahrheit ist, dass keinem Menschen jeden Abend etwas Neues für den nächsten Tag einfällt, besonders dann nicht, wenn der Sex oder das Beten an sich schon erfüllend waren. Also habe ich mir gestern Abend für den heutigen Tag nichts Neues vorgenommen. Und so kam es, dass ich heute mit dem unbeschreiblichen Gefühl aufwachte, den ganzen Tag lang frei zu haben. Ich hatte mir – wie soll ich das am besten sagen? – von mir selbst freigenommen. Endlich! Ich stand mit dem falschen Fuß auf und mir war's recht. Ich tat, was ich immer tat, nur dass ich es als einer tat, der sich nicht mühen musste, den alten Wein seines Lebens in immer neue Schläuche zu füllen.

Der tägliche Weltuntergang

„Heute war ein grauenhafter Tag", erzählte mir meine Bekannte gestern – ein Tag, an dem es ihr am liebsten gewesen wäre, „niemanden mehr zu sehen". Am liebsten wäre ihr gewesen, die ganze Welt wäre verschwunden. Zack! Vollständige Auslöschung all dessen, was ihren Tag grauenhaft gemacht hatte, also zur Vorsicht die Auslöschung von allem und jedem. Zack und zack! Woraufhin sie mich eine geschlagene Stunde lang damit unterhielt, wer ihren Weltuntergang dennoch hätte überleben dürfen, nämlich ihre vier bis fünf Kinder, ihre sechs bis zehn besten Freundinnen, ihre zwei liebsten Ex-Ehemänner (sie ist der typische Patchworkfamilienmensch) sowie ein Dutzend näherer und fernerer Verwandter. Als mir diese Weltuntergangsgeschichte morgens durch den Kopf geht, befällt mich eine gewisse Besorgnis. Ich schicke meiner Bekannten also eine Morgen-SMS: „Wie geht's Dir?", mit einem angehängten Smiley zum allfälligen Trost. Und was schreibt sie mir postwendend zurück: „Supi (!), warum?" Trost ist das aber irgendwie auch keiner, der stellt sich bei mir erst ein, als ich meine Orchideen betrachte, die gerade ihr Bestes tun, um zu einer prachtvollen Winterblüte anzusetzen, während von der gegenüberliegenden Straßenseite das Gebimmel der dort im Morgenverkehr unbeachtet emporragenden Klosterkirche durchs geschlossene Fenster zu mir herübertönt. Da kommt mir ein typisch philosophischer Gedanke: Solange die Welt täglich bei irgendwem untergeht, geht sie nirgendwo unter.

Zäune nach Noten

Meine Nacht war – wie soll ich sagen? – ästhetisch unruhig. In meinem Buch *Gut in allen möglichen Welten*, und zwar in allen Auflagen, steht nämlich zu lesen, dass österreichische Fernsehquotenhits wie der *Musikantenstadl* einer kleinbürgerseligen „Volkstümelei" huldigen; sie gehörten zum Abstoßendsten, was der Musikmarkt heutzutage befördere. Ich habe mich sogar zu der Aussage verstiegen, dass, wer ungetrübtes Vergnügen an solchen Produktionen finde, einen „psychokulturellen Habitus" befestige, der allem Nichteingesessenen gegenüber zur Ausgrenzung neige. Für meine schroffen Zeilen wurde ich gestern akkurat von Freunden getadelt, die auf ihr Europäertum stolz sind. Ihr Argument: Erst die authentisch-regionale Musikpflege lasse „echtes" Volkstum erlebbar werden. Dafür stehe *Mei liabste Weis* („Meine liebste Melodie"), die gestern unser Staatsfernsehen wieder einmal stundenlang zelebrierte, während die monumentale Solidaritätskundgebung auf dem Wiener Heldenplatz, *Voices for Refugees* – etwa hunderttausend Teilnehmer –, von einem kleinen Privatsender ausgestrahlt wurde. Erst die Arvo-Pärt-Musik, die gerade jetzt, tiefsonntäglich, im Radio läuft, befreit mich von meinem Selbstzweifel: Mögen die „Buam und Madln" aus irgendwelchen hinteren Talwinkeln Österreichs auch in der „liabsten Weis" jodeln und zungenschnalzen und zitherzupfen und die Ziehharmonika quetschen – ihre Heimatgesänge sind selbstversonnen geflochtene Bodenständigkeitszäune, nach Noten auftrumpfend gegen alle Heimatlosen.

LEBE DEN TAG!

Heute blieb mir keine Zeit, mit dem falschen Fuß aufzustehen. Ich bin mit beiden Beinen aus dem Bett gesprungen. Das ist kein gutes Zeichen. Bettflucht! Und warum? Weil ich einen dieser hyperrealen Morgenträume hatte, in denen immer etwas Schreckliches in 3-D passiert. Ich hatte geträumt, der von mir am meisten gefürchtete Gymnasiallehrer, natürlich ein „Lateiner", habe mich zum ich weiß nicht wievielten Male mit dem blödesten Spruch des klassischen Menschentums traktiert: *Carpe diem.* Was heißt, man solle den Tag nützen? Ein Tag, der es nur verdient hätte, gelebt zu werden, weil man ihn „genützt" hat – das wäre ein denkbar schlecht gelebter Tag, nicht wahr? Meinem Lehrer, der geradlinig entlang der Notenskala von Eins bis Fünf dachte, war diese Dialektik wesensfremd. Ich hingegen hatte, offenbar als Folge einer frühen Fixierung, mir ungesunde Gedanken zu machen, die fixe Idee, dass ein bloß „genützter" Tag am Schluss „abgenützt" sein müsste, so, wie man Werkzeuge abnützt oder Schuhsohlen durchläuft. Ein wahrhaft gut genützter Tag hingegen hätte einer zu sein, der, sobald es Abend geworden ist, eine – wie soll ich's sagen? – Lebendigkeitsspur hinterlässt. Was bleibt, ist nicht der Nutzen, sondern das Andenken. Und so lege ich mich wieder ins Bett, um noch einmal aufzustehen, wie üblich mit dem falschen Fuß hinein in die ewig verfließende Zeit mit ihrem ewigen Memento Mori: *Carpe diem,* „Lebe den Tag!" (Ja, falsch übersetzt, du dummer alter Lateiner: *Lebe den Tag!*)

Und das war das

Dringende Morgenangelegenheiten sind zu erledigen. Beim Frühstückstisch sagt meine Frau, mit einem Blick nach draußen: „Die Blätter fallen schon von den Bäumen. Wie rasch die Zeit vergeht." Ich wende ein, dass es erst 6 Uhr wird und dass um diese Zeit vor unserem noch immer nachtdunklen Fenster nichts zu sehen ist. Meine Frau erwidert, dass dies weder die Bäume daran hindere, sich zu entlauben, noch die Zeit daran, zu vergehen, und zwar rasch. Und wieder wirft sie, wie um mich zu widerlegen, einen Blick aus dem Fenster, worin sich der Lichtschein unserer Frühstücksecke spiegelt. Und weil ich morgens dazu neige, außer einem trägen Kopf, in dem es graut, Einsichten zu haben, verstehe ich plötzlich den Blick meiner Frau durchs Fenster. Wir sehen kaum etwas, sind fast blind. Wir sehen in einem dunklen Spiegel rätselhafte Zeichen. Wir deuten die Zeichen, deuten auf sie hin, mit Blicken, Worten, allerlei Gesten und Werken. Und so, indem wir der Welt bestätigen, dass sie ist, *wird* sie. Das erkläre ich jetzt meiner Frau, ein wenig dozierend, nachdem ich einen köstlichen Bissen meines mit Butter und Marmelade bestrichenen Frühstücksbrötchens hinunterschluckte. Worauf meine Frau trocken erwidert: „Aber die Zeit vergeht, ob du gescheit daherredest oder nicht." Und auch ein Blick aus dem bereits aufhellenden Fenster zeigt: Die Blätter fallen von den Bäumen. „Und das war das", wie ein berühmter Zen-Meister zu lehren pflegte, bevor er seinen Schülern mit dem Stock auf den Kopf schlug.

I AM THE SECOND LAST ONE

Vor einigen Tagen schon habe ich eine Einladung erhalten, bei einer mehrbändigen *anthology* mitzuschreiben, *contributer* zu sein mit einem *paper* (*peer-reviewed*, versteht sich), unter Federführung eines hochkarätigen *editorial board*, na schön. Die Herausgeber sind deutsche Universitätsprofessoren, der Verlag ist ein deutscher Universitätsverlag, die Sprache der Beiträge ist verpflichtend englisch. Es geht darum, einen möglichst großen facheinschlägigen Leserkreis und eine möglichst hohe Punktezahl nach den üblichen Bewertungsrichtlinien für akademische Publikationen zu erreichen. Gestern wollte ich bereits zusagen. Heute Nacht jedoch ertappte ich mich selbst dabei, wie ich auf Englisch träumte. In Erinnerung blieb mir eine Traumwortphrase, und zwar, vermutlich als Nachklang des gleichnamigen Films mit Helen Hunt und Jack Nicholson: *As good as it gets.* Also alles was recht ist, das geht zu weit! Der Film ist toll, trotzdem werde ich kein „paper" abliefern, „so gut es eben geht". Jüngst erst schrieb Botho Strauß zum wiederholten Mal, er sei „der letzte Deutsche". Dafür wurde er von den Feuilletondeutschen gleich niedergemacht. Heute Morgen erlaube ich mir nun den kleinen Größenwahn, der zweite Letzte sein zu wollen, ungeachtet der Tatsache, dass, wenn überhaupt, ich nur der zweitletzte Österreicher sein könnte. Mit dieser enigmatischen Begründung – *I am the second last one* – sage ich meine Teilnahme ab. Ein sprachprovinzieller Tag liegt vor mir, ich fühle mich dabei weltmännisch.

Das Bedürfnis, dankbar zu sein

Grundlos mit runden Augen aufgewacht. Ich kann das nicht anders sagen. Ich bin aufgewacht in die milde Stille und ruhige Dunkelheit des Schlafzimmers hinein. Neben mir atmet meine Frau. Ich stehe auf – und nein, mir ist nicht zumute, als ob ich die Dinge rund um mich zum ersten Mal sähe. Keiner dieser sagenhaften Momente, *moments of being*. Nichts Mystisches. Es ist das liebe Altgewohnte, das sich vor mir breitet. Das Wort „traulich" passt hier. Im frühmilden Morgenlicht, das den Wohnraum und die Frühstücksecke erfüllt, scheinen die Dinge einander traulich zugetan. Es ist, als ob mir an diesem Morgen bedeutet werden sollte: Du bist zuhause. In allem schlummern unheimliche, schreckliche Möglichkeiten; doch man kann bei den Dingen auch zuhause sein. Ich blicke aus dem Fenster. Tief unten, fünf Stockwerke tiefer, auf der vorbeiführenden Ausfahrtsstraße, müht sich gerade eine alte Frau, die gegenüberliegende Kirchentüre zu erreichen. Ich sehe die abbröckelnde Fassade der alten Klosterkirche (das Innere des Klostertrakts liegt wie immer verlassen da), und auch davon scheint ein Friede auszugehen. Die alte Frau hat es endlich geschafft, humpelt die Kirchenstufen hinauf, um die schwere Holzpforte zu öffnen. Ich habe das Bedürfnis, dankbar zu sein. Wem dankbar? Niemandem, allem, *finis philosophiae* (und es dauert ja nie lange), also werde ich das Gewohnte tun: Gleich wird sich der Duft des durchrinnenden Filterkaffees in der Wohnung ausbreiten und meine Frau aus dem Bett locken.

Das Wackeln meiner Zehen

Im Traum meine Füße gesehen. Sie gehörten aber nicht zu mir. Ich wachte schreiend auf. Es musste sich um einen jener Depersonalisierungsalbträume gehandelt haben, die kurz vor dem Aufwachen eine Tiefenwahrheit des Ich ins Bewusstsein spülen. Ich habe mir das einmal von einem mir befreundeten Traumexperten auseinandersetzen lassen. Es sollen besonders die philosophisch fixierten Geister sein, die im Traum ihre Glieder betrachten, bloß, um festzustellen, dass sie nicht zu ihnen gehören. Derlei Geister, so hat mir der Traumexperte erklärt, mit dem ich seither weniger gut befreundet bin, seien „psychisch labil", wenn nicht sogar „gefährdet". Nachdem mir meine neben mir seelenruhig schlafende Frau ihren Arm beruhigend übers Gesicht legte, betrachte ich unter ihrem Arm hindurch meine unten aus der Bettdecke herausragenden Zehen. Sind das meine? Natürlich. Ich wackle mit ihnen. Sie wackeln. Sie wackeln sozusagen munter zurück. Das lässt jetzt doch wieder ein kleines Flämmchen des Grauens in mir aufflackern. Wenn ich es bin, der mit seinen Zehen wackelt, wie wäre es dann möglich, dass sie zurückwackeln? Gleich aber versuche ich, mich damit zu beruhigen, dass es ja Gott sei Dank meine eigenen Zehen sind, die zurückwackeln. Und doch, und doch … Da der beruhigende Arm meiner Frau mittlerweile meine Augen vollkommen bedeckt, kann ich meine Zehen nicht mehr sehen. Schönes Gefühl. Man darf eben nicht zu viel von sich selbst sehen, um mit sich selbst im Reinen, das heißt, eins zu sein.

Danke, lieber Gott!

Ich bin kein Beter. Also bin ich auch kein Morgenbeter. Als Kind wurde ich ohne Nachdruck angehalten, morgens zu beten. „Lieber Gott, mach …" Immer lief es darauf hinaus, dass der liebe Gott, der mir nachts einen Schutzengel gesandt hatte, um über meinen Schlaf zu wachen (ein einschlägiges Bildchen hing über meinem Bett), etwas machen sollte. „Lieber Gott, mach, dass ich dem Karli nicht wieder eine reinhaue." Ich habe dem Karli tatsächlich einmal eine reingehauen, weil er, immerhin mein Sitznachbar in der Elementarschule, mich verpetzt hatte. Ich komme aus keiner besonders religiösen Familie. Sei's drum, als ich heute Morgen aufwachte, hatte ich das dringende Bedürfnis, Gott zu danken. Keine Ahnung, warum gerade heute (ich habe ja allen Grund, immerfort dankbar zu sein). Ach, ich wusste nicht, wie man Gott dankt. Danke, lieber Gott? Das wäre kindisch. Heute werden meine reizenden Enkeltöchter E. und H. kommen; auch meine Tochter wird vorbeischauen. „Danke, lieber Gott!" Jetzt war's mir trotzdem herausgerutscht, und da mich aber keiner dafür zur Rede stellen wird, was ich soeben vor mich hingemurmelt habe, brauche ich mich auch nicht zu genieren, dass ich auf eine ganz und gar kindische Weise dankbar bin: *für alles dankbar*. Ich weiß nicht, ob Gott existiert, doch ich bin für alles dankbar, auch dafür, dass ich damals – in jener fernen, fernen Zeit – dem Karli eine reinhauen durfte. Das gibt meinem Morgen eine heitere Note. (Entschuldige, Karli!)

Für den Mann über 40

Man kann auch zu viel beten. Ein Rosenkranz am Morgen sei genug, drei seien eindeutig „bigott". Das wurde mir einst von einer resolut religiösen Verwandten zweiten Grades erklärt, die mich zu Kuchen und Kaffee eingeladen hatte. Der Anlass ist mir entfallen, die Verwandte längst selig entschlummert. Ich habe gerade im Internet nachgeforscht, wie lange es dauert, einen Rosenkranz zu beten. Schwer zu sagen. Ich bin auf ganz unterschiedliche Angaben gestoßen, darunter jene, wonach es im Kreise glaubensrüstiger Katholiken üblich sei, alle „Gesätze" des Rosenkranzes mit seinen vier Geheimnissen über die ganze Woche zu strecken: freudenreicher, lichtreicher, schmerzvoller, glorreicher Rosenkranz. Das finde ich schön, die Woche beginnt freudenreich und endet glorreich – ordentlich und mit Augenmaß. Nirgendwo sind ja Ordnung und Augenmaß so wichtig wie beim Umgang mit den heiligen Dingen. Nichts ist hässlicher als Bigotterie. Na ja, fast nichts, denke ich heute Morgen, da ich, angeekelt von den politischen Weltdingen, statt in die Tageszeitung einen Blick in eine jener bei uns herumliegenden Feel-Good-Hochglanzbroschüren, *Für den Mann über 40*, geworfen habe, während die Brötchen im Ofenrohr fertigbacken (60 Grad, Umluft, 5 bis 6 Minuten). Da steht zu lesen, notabene als Aufmacher quer über die Titelseite: „Morgensex, 1 Mal, 2 Mal, 3 Mal, nie genug!" Hab ich was versäumt? Zum Glück sind die 5 bis 6 Minuten um. Ich spiele mit dem Gedanken, doch noch Rosenkranzbeten zu lernen.

Alles hat seine Zeit

Apropos Morgensex. Das Lebenskunstmagazin *Für den Mann über 40* empfiehlt ihn wärmstens und zwar als – wörtlich – „Aphrodisiakum für den ganzen Tag". Mich machen solche koketten Wortspielereien nervös, weil ich mir nie sicher bin, ob sie nicht etwa doch ernst gemeint sind. Während ich den Frühstückstisch decke, freue ich mich über einen neu ausgetriebenen Rispenansatz bei den Orchideen, die auf dem Fensterbrett der Frühstücksecke grünen. Dabei stelle ich mir mit gelindem Grauen vor, wie es wohl wäre, wenn ich tagsüber nur noch Männern über 40 begegnete, die aufgrund einer tüchtigen Portion „Aphrodisiakum für den ganzen Tag" als – ich will es möglichst dezent formulieren – erotisch Aufgewärmte und dementsprechend Hochgefahrene durchs Leben laufen würden. Mein Prediger-Wahlspruch, urbiblisch: Alles hat seine Zeit … Da klingelt es an meiner Tür. Draußen steht, wenn man dem Mienenspiel des Draußenstehenden Glauben schenken darf, ein seinerseits Aufgewärmter und Hochgefahrener über 40, der mir ein schmuddeliges Heftchen entgegenhält: *Der Wachtturm*. Ach, ein Zeuge Jehovas, der für die Keuschheit wirbt! Denn: „Das Ende ist nahe." Sofort kaufe ich ihm das Heftchen ab, um es, nachdem ich die Türe vor dem flammend Zeugenden geschlossen habe, gründlich zu entsorgen. Alles hat eben seine Zeit, wie der Prediger sagt: der Sex hat seine Zeit und der Weltuntergang auch. Jetzt aber ist Frühstückszeit – eine Ansicht, in der ich durch den Morgenkuss meiner Frau bestärkt werde.

Windelwandel, welches Handel?

Ich denke mir eigentlich nie: „Was wird dieser Tag bringen?" Ich finde die Frage deprimierend. Nach einer Reihe von Schicksalsschlägen fragte meine Großmutter vor sich hin, während sie mir die Butter aufs Schulbrot strich: „Was wir dieser Tag bringen?" Ich glaube, ich habe ihr schnippisch geantwortet – was soll ein Volksschulkind auf eine solche Frage schon antworten? –: „Windelwandel, welches Handel?" Das war ein Kinderspiel, man verbarg beide Hände hinterm Rücken, versteckte in einer Hand einen kleinen Gegenstand, streckte beide Hände wieder vor und drehte sie unter den Augen des Mitspielers rasch hin und her: Windelwandel ... Der Mitspieler musste erraten, wo sich der Gegenstand befand, indem er auf eine der beiden Hände klopfte. Ein ziemlich stumpfsinniger Zeitvertreib. Der Reiz bestand jedoch darin, dass, falls die richtige Hand erraten wurde, der kleine versteckte Gegenstand den Besitzer wechselte, bis sich das Glück wieder dem anderen Spieler zuwendete. Ich weiß nicht, was ich meiner Großmutter mit meiner schnippischen Antwort bedeuten wollte, sie aber lachte dazu. Vielleicht dachte sie, der neue Tag – das sei das kleine Geschenk. Denn heute denke ich ähnlich. Man war als Kind ja nicht wirklich enttäuscht, wenn man falsch geklopft hatte. Falls die sich öffnende Hand leer war, spürte man einen Kitzel: „Es hätte aber auch was drin sein können!" Und so denke ich heute, dass der neue Tag auf alle Fälle eines bringen wird – den neuen Tag, nicht wahr?

Es gibt immer was zu schreiben

Schlecht geschlafen aus nichtigem Anlass. Nichtig? Na ja. Der Anlass umfasst immerhin 576 Seiten. Der Titel des Anlasses: *Erkenne die Welt.* Sein Autor: der Populärphilosoph Richard David Precht. Dieser hat den ersten Teil einer monumentalen Geschichte der Philosophie vorgelegt. Teil 1, Fortsetzung folgt, nämlich Teil 2 und 3. Denn Teil 1 geht überhaupt erst bis zum Mittelalter. Und ich habe, zähneknirschend zwar und nebenbei viel zu spät, einem mir befreundeten Redakteur zugesagt, den „neuen Precht" zu besprechen. Deshalb legte ich mir den neuen Precht noch vor dem Einschlafen auf das Nachttischchen. Nun bleichen mir, kaum drehe ich frühmorgens meinen Kopf aus dem zerwühlten Polster heraus, die 576 Seiten entgegen. Da fasse ich einen subversiven Entschluss, der mir meinen Tag retten soll: Ich werde Precht *nicht* lesen und ihn *trotzdem* besprechen. Das ist gegen alle Regeln, weswegen ich mich gleich besser fühle. Ich hüpfe aus dem Bett und setze mich, nachdem ich die Frühstücksbrötchen zum Aufbacken in den Ofen getan habe, zu meinem Notebook. Die Besprechung geht mir erstaunlich leicht von der Hand. Besonders gelungen finde ich das Ende: Da fragt sich der erschöpfte Rezensent, was denn die Motivation für den riesigen Wörterausstoß gewesen sein mag. Und die Antwort lautet, in Abwandlung des Werbeslogans einer Baumarktkette: *Es gibt immer was zu schreiben.* Nach fünf bis sechs Minuten Schreibzeit sind auch meine Brötchen herrlich goldbraun geworden. Ein schöner Morgen!

Das Abrinnen der Zeichen

Es gibt immer was zu schreiben. Ich schreibe immer was. Und heute Nacht hatte ich dann einen Tagesschreibrestalbtraum. Ich befand mich in einem Raum ohne Türen und Fenster, worin ich sofort einen Erstickungsanfall bekommen hätte, wären nicht rundum an den weißen Wänden rosarote Schriftzeichen erschienen. Ich dachte unlogisches Zeugs: „Die Schrift ist mein Sauerstoff." Dann aber wurde ich panisch. Waren Schriftzeichen an der Wand nicht ein schlechtes Omen? Ein Menetekel? Die Wände schienen plötzlich gegen mich vorzurücken, die Schriftzeichen wurden glühend rot. Obwohl kurzsichtig, konnte ich die immer größer werdenden Zeichen nicht lesen. Schließlich standen sie riesig vor mir, flammende Hieroglyphen. Und schon ging mir die Luft aus, ich begann zu ersticken. Dann aber, neue Traumvolte, liefen die flammenden Zeichen von der Wand ab, ähnlich wie Regenwasser von einer Glasscheibe. Und plötzlich war eine große Erleichterung in mir. Mit den sinnlosen Zeichen, die mir die Luft nahmen, waren auch die Wände verschwunden. Ich stand im Freien, frei atmend: Keine Schrift mehr! Als ich aufwache, sehe ich die Umrisse der Richard David Precht'schen Geschichte der Philosophie, Teil 1 (Antike und Mittelalter), 576 Seiten, auf meinem Nachttischchen liegen: *Erkenne die Welt*. Das sind bis zum Mittelalter mindestens hundertfünfzigtausend Wörter – mindestens! –, will man die Welt erkennen. Alles ist voller Zeichen, man muss sie abrinnen lassen, um nicht Tag für Tag an ihnen zu ersticken.

Geborgenheit im Schlechten

Aus meinem Bett durch allerlei physiologische Warnsignale hochgeschreckt, tappe ich in Richtung Klosett, während mich die Bilder meiner Albträume verfolgen. Da waren dutzende und aberdutzende durcheinanderpurzelnde Katastrophen gewesen, Tsunamies, Dürren, Hungersnöte, Brandschatzungen, Folterungen, Kriege, auch der Komet, der alles zerstäubte, war mir durchs Fieberhirn geflogen. Die Welt, dachte ich, geplagt von plötzlichem Harndrang, ist ein riesiger wahnwitziger Wirrwarr, der Abfallhaufen delirierender Götter, in den unser uraltes Gehirn immerfort eine Ordnung hineinbringen möchte. Und wie schaut die dann aus, diese zerebralwahnwitzige Ordnung? Wie der allerirrste Traum, den wir „Wachsein" nennen. Shakespeares Hamlet sagt das viel schöner, aber ich bin ja auch nicht der Meister aller Dichtmeister, sondern nur ein kleiner Möchtegernweltversteher. Und eigentlich will ich die Welt gar nicht verstehen, denke ich mir jetzt starrsinnig, mich geht morgens, irgendwo am Rande des ins Nichts hinein- und dabei auseinanderrasenden Universums, nur der Weltwinkel namens „Frühstücksecke" etwas an – die Frühstücksecke, worin eine anheimelnde Ordnung zwischen dem Aufbacken meiner Frühstücksbrötchen und dem Morgenkuss meiner Frau mir ein Weltzuhause stiftet: meine Geborgenheit im Schlechten. Dafür bin ich an diesem Morgen dankbar, das soll mein stilles Gebet sein, mitten in dem Riesensauhaufen Welt, den ich nicht verstehe, obwohl es von ihm an allerhöchster Stelle heißt: „…und sah, dass es gut war."

UND SAH, DASS ES GUT WAR ...

Das ist es, was ich immer wollte. Ich wollte die Augen aufschlagen, morgens, wenn draußen in den Bäumen die Vögel zu rascheln beginnen, und dann wollte ich es sehen. Ich wollte sehen, dass es gut war ... Das ist natürlich, gemessen am Zustand der Welt seit ihrem Bestehen, ein kindischer Wunsch. Max Horkheimer, der fast schon vergessene Autor der tiefsinnigen Notizensammlung *Dämmerung* (1934), schrieb den Satz: „Auch wir gehören zu den Teufeln – auch wir." So etwas merkt sich unsereiner nicht nur, wenn er, als lebenskünstlerisch ambitionierter Spätaufsteher von heute, beim Brunch seinen Latte Macchiato schlürft und dabei eine Gourmetportion Carpaccio vom Rind mit Rucolapesto verzehrt. Man wacht nicht gerne mit dem Gedanken auf, auch zu den Teufeln zu gehören. Man will zu denen gehören, die ihre Frau lieben, ihre Kinder lieben, ihre Arbeit mögen und bereit sind, den Tag noch vor dem Abend zu loben. Ich schlage die Augen auf und weiß, dass es die Hölle gibt, ja, hundertausendfach die Hölle. Doch ach, dieses Wissen, das mir der Gedanke an Horkheimers *Dämmerung* beschert, rührt mich nicht. Bin ich fühllos? Während ich das Frühstück zubereite, kommt mir vor, der Realismus der Hölle sei abgeschmackt. Ich weiß nicht, was der Schöpfer der Welt sah, als er sah, dass es gut war. Denn ER hat alles gesehen, ich hingegen sehe nur, wie der Morgenkaffee durch den Filter in die Kanne abperlt. Es perlt und duftet. Und so ist es gut an diesem Morgen, für den Moment, den menschenmöglichen.

Das Anmenschelnde

Unruhige Nacht. Ich hatte wieder diesen Albtraum, das Wasser steigt rundum, es beginnt, mich zu überfluten, ich bin knapp davor, in den ozeanischen Abgrund, aus dem kein menschliches Leben je wieder auftaucht, abzusinken wie Blei. Jetzt heißt's strampeln, sonst ist es aus! Da fahre ich aus dem Schlaf hoch, nach Luft schnappend, und meine neben mir schlafende Frau fährt gleich mit in die Höhe. Sorry. Am Morgen dann ein Piepsen vom Computer her, You've got mail. Ich hoffe auf etwas, was mich – ich bin nicht wählerisch nach einem Blick in den Abgrund – *anmenschelt*. Da lese ich, dass ein um „die eigenen Leute im eigenen Land aufs Tiefste Besorgter" (schon wieder die Tiefe!) mich hasst, weil ich Seinesgleichen erst kürzlich als wortverbrecherische Psychopathen bezeichnete, und zwar aus Anlass des Satzes: „Dreckspack, soll im Meer ersaufen!" Ich lösche die Mail, zack! Da ist mir gleich leichter, selbst wenn ich weiß, dass mein Traum vom Ertrinken für viele da draußen, irgendwo im Meer vor Europas Küsten, tödliche Realität ist, auch an diesem Morgen. Was soll ich machen, ich bin ein hilfloser Mensch, der keinen Einzigen retten kann. Ich spüre, wie das Morgengrauen in mir aufsteigt, ich möchte mich umdrehen und weggehen – aber wohin? Nirgendwohin. Ich werde meiner Arbeit nachgehen und wieder zurückkommen und mich bemühen, meinen Nächsten ein angenehmer Mensch zu sein. Menscheln und angemenschelt werden, darauf läuft es hinaus, tagtäglich, das muss reichen und ist doch nie genug.

GUTEN MORGEN, ABENDLAND!

Es ist Sonntag. Ich hatte geträumt, in der Kirche gegenüber dem Haus, neben der lärmenden Ausfahrtsstraße, wo ich wohne, hätten plötzlich die Glocken gebimmelt. Da bin ich hochgeschreckt. Gleich neben der Kirche dunkeln die Umrisse eines Karmelitinnenklosters. Dort, in irgendwelchen Seitenräumen des Klosterkirchentrakts, werden am Tag des Herrn – früher sagte man „Tag des Herrn", ich weiß nicht, ob das noch politisch korrekt ist, egal – arme Leute, darunter Asylanten, mit milden Gaben versorgt. Ich sehe sie manchmal, sonntäglich gekleidete Gestalten, wie sie einen Seiteneingang benutzen, an Kirche und Kloster vorbei. Früher fanden sich einige alte Frauen zur Sonntagsmesse ein, sie kommen nicht mehr, nur eine mit einer schlimmen Hüfte müht sich noch durch die schwere Kirchentüre. Und auch das Glockengebimmel scheint verstummt. Wird es vom Straßenlärm übertönt? Bin ich taub geworden für den „Ruf des Herrn"? Neulich – unsereiner kommt ja auch ein wenig herum –, in der Stadt der Reformierten, da war es schön am Abend. Wenn die Sonne sinkt und die Kühle vom Fluss herüberweht, strömt ein vielstimmiges Geläut auf den Gast ein. Hier aber, jenseits des Hauses, in dem ich jetzt bei geöffnetem Fenster hinauslausche, ist nur das monotone Geräusch der Räder auf dem Asphalt zu hören. Ich sehe, wie die hüftschwache Frau sich am Kirchenportal müht und einige der Armen, sonntäglich angetan, zur Seitentüre hineinpilgern. Alle anderen: Immer nur weg, weg, woandershin ... Guten Morgen, Abendland!

Früher flog ich über die Dächer

Albtraum. Ich sitze zwölf Kilometer über dem Meeresspiegel in einer Boeing 777, die, solange es über Land geht, eine elektronische Kommunikationsverbindung zum Globus besitzt. Und während ich in mein Notebook tippe – ich schreibe einen Kommentar zu Douglas Rushkoffs *Present Shock* –, habe ich im Hintergrund YouTube geöffnet, um mir einen Mix aus Lana Del Rey und Katy Perry anzuhören. Gleichzeitig checke ich laufend das rechts auf meinem Bildschirm pulsierende Display (neue E-Mails) sowie das links neben meinem Notebook blinkende Smartphone (neue SMS's). Hier, bei Singapore Airlines, geht es ohne Flugmodus, toll, aber dann die Katastrophe: die Elektronik bricht zusammen, weil der Nervige neben mir skypt! Ich schrecke hoch, mir kommt in den Sinn, dass ich früher über die Dächer flog, indem ich mit Armen und Beinen brustschwimmartige Bewegungen ausführte. Ach, die gute alte Zeit! Gute Zeit? Na danke vielmals: Schon beim Losfliegen, meist von einem Dachfirst hoch oben (tief unter mir das tiefste Dunkel), musste ich um mein Leben luftschwimmen. Allzeit drohte der Absturz, und tief unten war – nichts. Die Folge beim Erwachen aus dem Absturz ins Nichts: Gegenwartsschock. Heute hingegen, nach meinem Flug in der Boeing 777, schlendere ich extra lässig zum Kühlschrank, um meine tiefgefrorenen Frühstücksbrötchen extra langsam (40 Grad Ofentemperatur, keine Umluft) aufzubacken. Das braucht seine Zeit, seine Extrazeit, da kann ich noch rasch meinen Kommentar zum *Present Shock* via E-Mail, Wichtigkeitsstufe „Hoch", befördern.

BLOSS KEIN MORGENGESICHT!

Heute Morgen ist es schon wieder passiert. Ich schaue versehentlich in den Vorzimmerspiegel, und wen sehe ich da? Mich. So kann's gehen, wenn man nicht aufpasst. Nebenbei gesagt: Mira Lobes Selbstfindungsklassiker *Das kleine Ich-bin-ich* habe ich noch nie gemocht; ich weigere mich, ihn meinen unverdorbenen Enkeltöchtern vorzulesen. Eigentlich wollte ich ja vom Spiegel wegschauen, wie jeden Tag, wenn ich, aus dem Schlafzimmer kommend, beim Vorzimmerspiegel vorbeistreiche, um meine kleine Morgenliturgie zu zelebrieren: das tiefgefrorene Frühstücksbrötchen aufbacken (60 Grad Ofenhitze, Umluft), den Filter in die Maschine legen zwecks Zubereitung duftenden Morgenkaffees, Milch ins Kännchen, Marmelade ins Töpfchen, den Tisch decken. Zwischendurch wollte ich rasch die Morgenzeitungen hereinholen, und da ist es passiert, schon wieder: Ich eile am Vorzimmerspiegel vorbei. Meine Devise: Wegschauen, um nicht hineinschauen zu müssen! Und akkurat schaue ich hinein. Und was sehe ich da? Ich sehe mein Morgengesicht, über dessen Einzelheiten ich gerne den sprichwörtlichen Mantel des Schweigens breiten möchte. Denn mein Morgengesicht ist alles andere als ein Allerweltsgesicht. Mit einem Allerweltsgesicht könnte ich mich am Morgen anfreunden, das wäre ein Gesicht, um es aller Welt zu zeigen. Schaue ich hingegen, bevor mich der Blick meiner Frau der Welt annehmbar macht, in den Spiegel, dann sehe ich immer nur – *mich*. Ich-bin-ich, ob groß, ob klein, das ist zu wenig. Die Folge: Morgengrauen.

Mein Frühstückstor von Kiew

Es soll ja Menschen geben, die morgens aus dem Bett springen, um – wie sage ich das am besten? – gegen den Tag *anzustehen*. Ich hingegen frage mich, wenn ich aus dem Bett krabble, wo meine Beine sind. Irgendwie scheinen sie nicht recht da zu sein, daher trete ich zart auf, man kann ja nie wissen, ob unter einem nicht der Boden wegrotiert. Schließlich rotiert die ganze Erdkugel, nicht wahr? Deshalb schalte ich gleich das Radio ein, aber leise, leise, ich höre nur Klassik, zarte Barockmusik, das ist es, was ich jetzt dringend benötige. Und was passiert? Man wuchtet mir, dem Schwankendbeinigen, Mussorgskis *Bilder einer Ausstellung* in die Ohren, noch dazu *Das große Tor von Kiew*! Rawumm! Mir fällt der Torbogen regelrecht auf den Kopf, so, wie einem die Welt auf den Kopf fällt, wenn man sich nicht vorsichtig durch sie hindurchbewegt. Sofort schalte ich das Radio aus, stakse mit meinen tiefgefrorenen Frühstücksbrötchen, die ich soeben aus dem Kühlschrank holte, zum Fenster. Ich brauche frische Luft. Draußen fällt der Regen sanft auf das Geäst der alten Bäume, die mir die Aussicht zur Unterführung der Ausfahrtsstraße seitlich von meinem Haus gnädig versperren. Diese Unterführung – denke ich mir jetzt – hat auch so ein „Tor", ein Loch, das ist mein Großes Tor von Kiew. Darin verschwindet alles, um irgendwo weit hinten wieder herauszukommen, ohne dass ich mit ansehen müsste, wie alles wieder rauskommt. Gut so. Für heute bin ich – wie soll ich's sagen? – frühstücksbrötchenaufbackbereit.

Kein Ort für Vertraulichkeiten

Lesefrucht aus Nicholson Bakers Essaysammlung mit dem aufmunternden Titel: *So geht's*. Sonntags sitzt Baker, einer der sympathischsten Autoren auf Gottes US-Boden im Städtchen South Berwick, York County, Maine, am Rande der Müllkippe seiner Community, um dort dem Müllentsorgungstreiben beizuwohnen. Da es keine Müllabfuhr vor Ort gibt, muss der wöchentlich angefallene Mist auf einer Altdeponie im Grünen entsorgt werden. Dabei gilt es, eine ausgetüftelte Müllentsorgungsetikette zu beachten. Deren Sinn erschließt sich nur teilweise der Vernunft, was indessen dem Gemeinschaftsleben zuträglich scheint: Der Normalmüll ist freizuhalten von Katzenstreu, denn dieser ist in jenem Behältnis zu entsorgen, wo sonst nur noch Matratzen und alte Sofas ihren Platz finden. Es gibt auch einen Extracontainer für Zeitungen und Zeitschriften, und einen anderen für Pappe, worunter Pizzakartons und Frisbees fallen. Frisbees?!? Egal, darüber lässt sich trefflich streiten. Für Baker ist dieser Platz alles andere als ein gewöhnlicher Drecksort, sondern „ein Ort für Vertraulichkeiten". Das ist schön, denke ich mir heute Morgen beim Verschnüren meines zart nach Zitrone duftenden Müllsäckchens. Die Mülltonnen unten, vor meinem Haus, sind freilich kein Ort für Vertraulichkeiten. Obwohl sich dort immer mehr Mistkübelstierer einfinden, sind sie an Small Talk weniger interessiert als daran, mit Kind und Kegel zu überleben. Der Morgen graut, zart nach Zitrone duftend, und ich graue zitronig mit.

Meine identitäre Morgenverstopfung

Wenn's nach ihm ginge, sagt der identitärste Politiker unseres Landes im Morgenradio, würde er alle Politiker abschaffen, die nicht unsere Heimat abdichten gegen das an unseren Grenzen heimatlos wimmelnde Gelichter. Das ist zu viel für einen wie mich, der an einer existenziellen Verstopfung aufgrund des unvermeidbaren Konsums identitärer Dichtmasse leidet. Ich komme mir vor wie ein Schwarzes Loch, ich weiß, das klingt verquer. Es ist ja nicht so, dass ich etwas an mich ziehen, geschweige denn in mich hineinziehen könnte, wie es das Schwarze Superloch da draußen tut, irgendwo inmitten unserer Galaxie. Trotzdem komme ich mir vor, als hätte ich eine unendliche Masse. Nichts kommt mehr aus mir heraus – außer, höchstens, ein dumpfes Stöhnen über die geradezu kosmische Abdichtungsintelligenz des identitärsten Politikers unseres Landes. „Jetzt", deklamiert er, „machen wir alles dicht, ein Staatsverräter, wer noch etwas durchlässt!" Und was bleibt? Das reine Strahlen des identitärsten Politikers unseres Landes. Identitäre Hobbytheologen sprechen von einer nahezu göttlichen Aura. Doch Gottes Aura, da bin ich mir tausendprozentig sicher, strahlt nach außen hin ab, damit die Welt werde, die ganze wunderbare, wunderbar vielfältige Welt! Gott ist der vollkommenste identitäre Nichtidentitäre. Ich nehme eine Dreifachdosis Dulcolax Forte, um die mich blähende Identitärdichtmasse des identitärsten Politikers unseres Landes zu entsorgen: *diarrhöische damnatio memoriae* – mein alltagsliturgischer Gottesdienst heute Morgen.

MEINE FRÜHSTÜCKSREIFEGESTALT

Ich habe einen Freund, der erfindet sich jeden Sonntag neu. Sonntag, sagt mein Freund, sei sein Selbstneuerfindungstag. Dabei beruft er sich auf die Anthropotechnik des postmodernen Menschen, der, wie es in den Selbstneuerfindungskursen heißt, sich selbst finde, indem er sich selbst neu erfinde, aber achtsam, immer schön achtsam. Die Achtsamkeit sei ja die andere große Anthropotechnik unserer Epoche des dritten Weltkriegs auf Raten, nicht wahr? Als mein Freund letzten Sonntag kurz innehielt, um Luft zu holen, fragte ich ihn, als wer oder was er sich gerade selbst neu erfinde. Eine Frage, keine Antwort. Zugegeben eine dumme, begriffsstutzige Frage – die Frage eines Philosophen der alten Schule, welche an das tiefinnerliche Wesen des Individuums glaubte, an die *entelecheia*, die „Reifegestalt" des Aristoteles. Und heute ist schon wieder Sonntag, schon wieder Selbstneuerfindungstag. Ich indessen sitze vor meinem duftenden Morgenkaffee und fühle mich rundum ganz. Ganz und gar ganz. Kein Zweifel, hier sitzend, am Frühstückstisch zusammen mit meiner zeitungslesenden Frau (der heutige Aufmacher: „Dritter Weltkrieg in Raten") – das ist meine Reifegestalt. Während mein Freund vermutlich gerade dabei ist, sich wieder einmal achtsam selbst neu zu erfinden, fühle ich mich bei dem Gedanken, meine Frühstücksgestalt sei meine Reifegestalt, regelrecht geborgen. Oder um es mit neoaristotelischen (oder austrobuddhistischen?) Worten zu sagen: „Immer wieder dasselbe und am besten nichts Neues!"

Was man hat, das hat man

Gestern wurde ich via Fashion-TV darüber belehrt, dass das Mädchen Madeline, welches unter einer Behinderung leidet, die unter einigermaßen Gebildeten „Trisomie 21" heißt – dass also das entzückende Mädchen Madeline die Haute-Couture-Laufstege der Welt eroberte. Unter den Trendsettern, die in den Weltmetropolen zu Modeschauen wie zu päpstlichen Hochämtern pilgern, scheint eine Sucht nach dem Anblick von Menschen zu grassieren, die an irgendetwas leiden, was sie irgendwie anders aussehen lässt als alle anderen ihres Metiers. Mir soll's recht sein. Der bloß schöne Mensch ist „out", ein peinliches No-Go. Lange Zeit war das Anorexie-Model mit und ohne Bulimie „in", dann wurde eine Saison lang die singende Adipositas-Schöne gefeiert, und momentan triumphiert der Aufreger Madeline. Heute steht in einem erzürnten Leserbrief meiner Morgenzeitung: Madeline leide nicht an Trisomie 21, sondern höchstens am Unverständnis ihrer Mitmenschen darüber, „dass man hat, was man hat", in diesem Fall das überzählige Chromosom 21 – eine Zurechtrückung, die mich froh stimmt. Was könnte mir lieber sein, als einfach zu haben, was ich habe, nämlich mein tägliches Morgengrauen über den Zustand der Welt, der, wie ich mir zwanghaft einbilde, sich in meinem eigenen spiegelt? Oder um es mit den Worten des Psalmisten zu sagen: *abyssus abyssum invocat*, zweifellos ein No-Go für hummelfigürliche Durchschnittsbürger, die nichts von den Abgründen auf Fashion-TV wissen ... Danke, Madeline!

Der Anfang, der nie enden wird

Leider, ich bin ein Bildungsfossil. Meine Studenten (davon zwei Drittel Studentinnen) können mit dem Satz, den man uns Schülern sogar am realistischen Gymnasium einhämmerte, nichts mehr anfangen: „Griechenland ist die Wiege des Abendlandes." Griechenland ist meinen Studenten (a) ein Touristenort, an dem man sich unter Millionen uralter Tonscherben langweilt, es sei denn, man vergnügt sich an hippen Sirtaki-Stränden bei Ouzo-Partys; darüber hinaus ist Griechenland (b) ein Milliardeneurohilfsgelder-Fass-ohne-Boden, das (c) nicht in der Lage ist, seine Außengrenzen vor der Flüchtlingsflut wirksam zu schützen. Daran muss ich heute Morgen denken, als ich unter „Griechenland News" keine Katastrophenmeldungen, gepostet „vor 60 Minuten", ausgoogeln kann. Eine (1) Stunde lang keine griechische Katastrophe! Das ist doch ein bedenkliches Zeichen, oder? Verschwindet Griechenland? Löst es sich in Luft auf, so, wie sich das Abendland schon längst aufgelöst hat …? Und dabei begann alles so verheißungsvoll. Der eine vorsokratische Weltweise, Heraklit, lehrte: „Alles fließt." Und der andere vorsokratische Weise, Parmenides, lehrte: „Nichts bewegt sich." Das war die Geburtsstunde des Abendlandes: *Alles fließt und nichts bewegt sich.* Ich beobachte das Milchhäutchen auf meinem erkaltenden Morgenkaffee, wie es reglos daliegt und dabei – hast du's nicht gesehen! – gelb und runzelig wird. Eben: Nichts bewegt sich und alles fließt. Kein Zweifel, Griechenland war ein Anfang, der nie enden wird.

Vom Gehen über Lebende

Blick in die Zeitung. Der eiserne Zaun gegen Asylsuchende. Wachtürme. Anderswo Soldaten, um die neue „Völkerwanderung" einzudämmen. Daneben die Kommentare jener, welche uns mit ihrer Vernunft, ihren rationalen Planspielen, ihrem Einerseits-Andererseits vor dem schieren, herzzerreißenden Elend erkalten lassen. Wir betrachten die Bilder ausgemergelter Menschen, die fast schon zu Tode erschöpft sind, darunter wie immer Mütter mit ihren Kindern, auch Hochschwangere, während die zeitgemäßen Frühstücksmenschen unter uns ihren Latte Macchiato schlürfen (so heißt übrigens die neueste „Soziologie der kleinen Dinge": *Latte Macchiato,* von Tilman Allert). Heute außerdem in der Zeitung: die Analyse eines Kollegen, der sich die jetzt unter Geistesmenschen verantwortungsethisch gebotene Attitüde der Gelassenheit zugelegt hat. Zwar zieht er rhetorisch die Augenbrauen hoch, sobald er über die „Mauerbauer" (??) spricht, besonders aber mokiert er sich über die „Gutmenschen", die einfach so helfen wollen ..., „das ist doch idiotisch", oder? Mir kommt vor, die Losung der Gelassenheitshumanität lautet: *Wir gehen nicht über Leichen, wir gehen über Lebende.* Ding-Dong, eine SMS von einem mir befreundeten Idioten: Er hat schon wieder eine Internetinitiative gestartet, er will helfen, einfach so ... Ich umarme den Gutmenschen virtuell und bin immerhin fähig, den Bissen meines Frühstücksbrötchens, der mir im Hals stecken geblieben ist, hinunterzuschlucken. Zu mehr reicht's bei mir momentan auch nicht.

Keine Angst vor metaphysischer Platzangst!

Metaphysische Platzangst: Es ist 6 Uhr 30 hierorts, Graz, Österreich, Europa, Welt, Universum. Ich sitze, mental zusammengequetscht, in meiner Frühstücksecke im fünften Stock eines Hauses nahe einer brummenden Ausfahrtsstraße irgendwo am Rande unserer Galaxie inmitten eines rundum auseinanderrasenden Universums. Scheußlich! Dazu die Gravitationswellen von den einander umtanzenden Schwarzen Löchern her, die, bereits jahrmilliardenalt, alles in ihrer Umgebung schlucken. Scheußlich, scheußlich! In der Morgenzeitung steht, dass die Börsen wieder auf Talfahrt sind, was aber die 400 reichsten Reichen der Welt nicht weiter zu beunruhigen brauche, denn die hätten zurzeit 4.000.000.000.000 Dollar – und würden à la longue immer mehr davon haben. *Wohinein dehnt sich das alles aus?* Bevor mich diese Frage existenziell zerquetscht, tönt aus einem riesigen Busch fünf Stockwerke unter mir das muntere Getschilpe und Getschirpe einer Horde von Spatzen durchs leicht geöffnete Fenster, und das lässt mich mit einem hüpfenden Herzschlag wieder dort sein, wo ich ohnehin bin: zu Hause, in meiner Frühstücksecke. Hier gibt es kein auseinanderrasendes Universum, sondern das Einfache, von dem einst Heidegger sagte, es „verwahre das Rätsel des Großen und Bleibenden", zum Beispiel den Guten-Morgen-Kuss meiner Frau beim Anblick der dampfenden Frühstückskaffeekanne neben dem Körbchen goldbraun glänzender Frühstücksbrötchen.

Nichts gegen mein Morgengrauen!

Mein Morgengrauen, sagen mir Freunde, die ihre Weltsicht aus der Fernsehillustrierten *TV-Movie* beziehen, sei unnatürlich. Sie raten mir zweierlei. Erstens: „Iss was G'scheits!", und zweitens: „Glaub ans Glück!" Die Folge, als ich mir heute beim Aufstehen diese – wie meine Freunde versichern – keinen Widerspruch duldenden Existenzialtipps ins Gedächtnis rufe: Gedoppeltes Morgengrauen! Der eine Tipp stammt aus der Lotteriewerbung, und schon bei der Vorstellung, ich solle ans Glück glauben, das wohl an die Stelle des lieben Gottes zu treten hätte, wird mir übel. Vor meinem inneren Auge tauchen die Bilder von verrauchten Geschäftslokalen auf, Tabakläden, in denen nikotinfingrige Süchtler und Süchtlerinnen schüppelweise *Glaub-ans-Glück!*-Tickets ausfüllen. Und was den *Iss-was-G'scheits!*-Tipp betrifft, so spüre ich augenblicks, wie sich in mir ein daseinsdumpfsinniges Völlegefühl ausbreitet – wohl eine Folge davon, dass mich in meiner Frühstücksphantasie ein plumpgeflochtenes Biofernsehbastkörbchen aus dem *Ja, natürlich!*-Markensortiment heimsucht, worin packpapierfarbenes Gebäck lagert, aus dem teils beulenartig, teils nagelspitzförmig Bioproduktkörner herausragen, allesamt Zahnschmelzbrecher. Nein, danke vielmals, ich finde mein Morgengrauen der Weltlage angemessen und, was die menschliche Daseinslage betrifft, sowieso vollkommen natürlich. Besser ein intelligentes Morgengrauen als ein idiotischer Glaube ans Glück mit – wie soll ich sagen? – Bioexistenzialverstopfung.

Hier bin ich sowieso

„Eben, hier bin ich sowieso ..." Das habe ich mir gerade gedacht und weiß im Moment nicht, wo ich bin. Dann fällt es mir wieder ein. Habe gestern Abend mit Experten geredet. Es ging darum, was man tun müsse, um das Leben „qualitativ hochwertig" zu gestalten, das eigene und das der anderen (in dieser Reihenfolge). Man debattierte auf hohem Niveau über *Lebenskunst*, ich glaube, es war sogar von Langzeitarbeitslosen und Flüchtlingen die Rede, die, wenn sie sonst nichts zu tun hätten, sich in der Lebenskunst des Müßiggangs üben könnten. Nachts hatte ich dann Kreuzschmerzen, mir war das Bett zu weich, ich litt am Prinzessin-auf-der-Erbse-Syndrom, das alle Gäste hier auf der Kongressnobelalm lebenskünstlerisch zu bewältigen haben. Ja, ich weilte auf einem Nobelkongress für Lebenskunst, man hatte mich eingeladen, ein lebenskünstlerisches „Impulsreferat" zu halten. Also sprach ich zum Thema „Selbstverwirklichung". Das war eine glatte Themenverfehlung. Denn es geht, so wurde ich belehrt, nicht mehr darum, sich selbst zu verwirklichen, sondern vielmehr darum, sich laufend selbst neu zu erfinden, Arbeitslose und Flüchtlinge nicht ausgeschlossen – ja die ganz besonders, darin liege eben die Lebenskunst des Müßiggangs. Und wegen des Wilhelm-Busch-Jahres wird immerfort Wilhelm Busch zitiert, als „Vorreiter der permanenten Selbstneuerfindung" – so ein Unsinn! –: *Schön ist es auch anderswo. / Und hier bin ich sowieso.* Dazu kann ich nur sagen: Eben. Ich will nach Hause, und zwar sofort.

Mein Keuschheitsredeverschluss

„Man kann über alles reden …", sagte sie, ich kannte sie überhaupt nicht, hatte sie gerade erst im Supermarkt getroffen. Unsere Einkaufswagerln waren zusammengestoßen, akkurat beim Manövrieren um ein Eck, an dem eine Pyramide aus Gewürzgurkengläsern, Aktion: 30% ab, aufgebaut war. Na, jedenfalls mochte ich ihr, die sich mir als „Kollegin" bekanntmachte, unter dieser Gewürzgurkenglaspyramide nicht widersprechen, auch wenn ich mich irgendwie unbehaglich fühlte angesichts der mir in Aussicht gestellten Möglichkeit, über alles reden zu können. Warum sollte ich unter den verbilligten Gewürzgurkengläsern, die zu einer Pyramide hochgeschichtet waren, über alles reden wollen? Ich bekam einen Keuschheitsredeverschluss. Nichtsdestoweniger überreichte mir meine „Kollegin" ihre Visitenkarte, was mich dazu veranlasste, meine eigene herauszufingern, bloß, um die ihre dezent verschwinden zu lassen, alles mit einer Hand! Denn mit der anderen war ich, auch wenn man über alles sprechen konnte, peinlich darauf bedacht, unsere Einkaufswagerln sich nicht verkeilen zu lassen. Das war's. Die „Kollegin" enteilte, doch nachts hatte ich einen Albtraum, der unter lauter Gewürzgurkenglaspyramiden zwischen lauter Unbekannten spielte, die alle meiner „Kollegin" ähnelten und mir intimierten, dass man über alles reden könne. *Alles!!* Ich wachte schreiend neben meiner Frau auf, die, während sie sich auf die andere Seite drehte, murmelte: „Darüber willst du erst gar nicht reden." Welche Erleichterung, was für ein Glück!

Der abwesende Handygott

Schon um 7 Uhr 30 ist mein Posteingang zugemüllt mit Botschaften, auf die ich gut und gerne hätte verzichten können. Ich hätte natürlich auch darauf verzichten können, mein E-Mail-Programm zu öffnen, um erst gar nicht festzustellen, dass mein Posteingang schon um 7 Uhr 30 zugemüllt ist. Hätte, hätte ... Früher war das alles anders, nämlich besser, oder auch nicht, man soll sich bloß auf nichts festlegen, heute, im Zeitalter der Posthistoire. Weilte beispielsweise der eine, einzige Mensch, von dem man unbedingt sofort einige hauchzarte Worte erhalten musste, ansonsten man an Herzeleid sterben würde, gerade irgendwo im postalisch unzuverlässigen Ausland, sagen wir in Caorle an der oberen Adria, dann konnte es vorkommen, dass man tagelang warten musste auf den einen, einzigen Brief, der, wenn es hoch herging, sogar ein wenig parfümiert war. Heute würde man auf seinem Smartphone die Favoritendatei anklicken, unter „Schatzi", „Herzi" oder „Bärli", oder man würde simsen oder mailen oder sonst was elektronisch in Bewegung setzen, unter üppiger Verwendung geeigneter Emoticons – und natürlich wäre dann die ganze Romantik futsch. Gerade höre ich im Radio die überkonfessionellen *Gedanken zum Tag*: Eine einschmeichelnde weibliche Stimme sagt, dass Gott uns liebt und wir immer in seinem Herzen sind, auch wenn er sich bei uns nicht am Handy meldet. So werden die altmodischen Liebesgeschichten von einst zu einem zeitgemäßen Metaphysikum, und dabei verdirbt beides gründlich. Ach.

Vom Elend positiven Denkens

Think positive! Denk positiv! Das sind halt so dumme Sprüche, mit denen man leben kann, indem man sie ignoriert. Wie sollte denn das positive Denken ausschauen angesichts des Dauerzustands der Welt, der heute getoppt wurde durch das verbrannte Frühstücksbrötchen, das mir aus dem Ofenbackrohr entgegendampfte? Und warum – geradeheraus gefragt – war mein Frühstücksbrötchen, statt mir goldbraun entgegenzulachen, verbrannt? Weil es bereits in aller Herrgottsfrühe an meiner Wohnungstür klingelte und ein armer Hascher draußen stand, der mir einen Werbeprospekt entgegenhielt, und zwar von einer Bäckerei, die sich anheischig machte, mir in aller Herrgottsfrüh ein Brotkörbchen voll knusprigen Gebäcks in die Wohnung zu liefern. Quer über dem Prospekt waren Brezeln und Salzstangen abgebildet, die sich zu einem Schriftzug formierten: *Denk positiv!* Sakra, statt positiv zu denken, verfluchte ich, meinem stinkenden Ofenrohr entgegeneilend, den Zustand der Welt, nicht ohne dem armen Hascher vor meiner Tür ein fürstliches Trinkgeld für was auch immer zu geben. Daraufhin fühlte ich mich gleich besser, trotz des Anblicks meines Frühstücksbrötchens, dem nicht mehr zu helfen war. Es würde heute wohl das übriggebliebene Brötchen von gestern werden, verschrumpelt, zäh, aber immerhin: Ich konnte es ja in den Kaffee tunken, ohne dabei positiv zu denken! Und so denke ich doch noch positiv, indem ich's einfach ignoriere.

SPINNERIN AM MORGEN

Man soll ja nicht allzu nostalgisch sein, schon gar nicht, wenn der Tag noch jung ist, nicht wahr? Es wäre ja möglich, dass der Fortschritt gerade wieder einmal nicht so verehrungswürdig ausschaut, um, nach dem Glaubensbekenntnis seiner Anhänger, unbedingt an die Stelle Gottes zu treten. Aber heute Morgen verirrte sich ein Weberknecht in meine Frühstücksecke und hängt nun über mir, in einem Winkel des Plafonds. Dort vollführt er mit seinen langen, hauchdünnen, mehrfach geknickten Beinchen unnachahmlich zarte, wippende Bewegungen. Beinahe hätte ich, in seinem Anblick versunken, mein Frühstücksbrötchen im Ofenbackrohr vergessen. Der Weberknecht gehört zu den Tieren meiner Kindheit, die man „Spinnerinnen" nannte. Eigenartigerweise schienen diese Tierchen mehr damit beschäftigt zu sein, zeitverloren vor sich hin zu wippen, als Netze zu spinnen. Es konnte geschehen, dass ein ganzes Ballett mehrfach geknickter Beinchen, das von der Zimmerdecke herunterwippte, den Betrachter entzückte. In der Schule erfuhr ich dann leider, dass es nicht „Spinnerin" hieß und der mir geläufige Spruch – „Spinnerin am Morgen / bringt Unglück und Sorgen" – sich auf die armen Frauen von einst bezog, welche bereits im Morgengrauen am Spinnrad saßen. So wurde ich klug und die Welt dünnte aus. Ohne Spinnerin war der Morgen meiner Kindheit nun zum Tagesanbruch geworden, zwar mit weniger Not, doch auch weniger Poesie – na ja, aber immerhin mit einem goldbraun aufgebackenen Frühstücksbrötchen.

Morgenstund hat Gold im Mund

6:30 Uhr. Morgentoilette. Vor dem Badezimmerspiegel, Mundhygiene, doch, bitte, niemals ohne indirekte Beleuchtung! Ich möchte meine Zähne nicht unter irgendwelchen gnadenlosen Halogenspots anschauen müssen, die einen brutal an die Vergänglichkeit jeder irdischen Mundhöhle gemahnen. Das allmorgendliche Memento Mori vor dem Badezimmerspiegel sollte mir, dem Philosophen, Anlass geben zu einer weitausholenden geistigen Bewegung, gewiss: dem Heidegger'schen „Vorlauf zum Tod". Doch alles, was mir im Moment einfällt, ist George Clooney alias Miles Massey, zähnestrahlender Partner von Catherine Zeta-Jones in *Ein (un)möglicher Härtefall*. Aber – tiefschürfender gedacht – selbst Clooneys ultrastrahlendweiß geweißte Zähne sind auch nichts weiter als ein Selbstbespiegelungsphänomen, an dem der Zahn der Zeit nagt. Zugegeben, das ist ein ziemlich billiges Wortspiel (die Zähne, an denen der Zahn der Zeit nagt), aber immerhin eines, das unsereiner versteht, der sein körperliches Vollkommenheitsideal maßgeblich aus Hollywoods Filmperlen bezieht. Demgegenüber ist es mir bis heute ein Rätsel geblieben, warum – wie der alte Gemeinspruch lautet – Morgenstund Gold im Mund haben soll. Ist das eine alte Weisheitsregel für Dentisten? Egal, ich will's nicht wissen, denn etwas Ekelhafteres, als dass ich zur Morgenstund Gold im Mund hätte, kann ich mir eigentlich gar nicht vorstellen. Da ist mir meine Portion Karies noch immer lieber, aber, bitte, unter indirekter Beleuchtung – schon wegen des Zahnfleischschwundes.

WIE DAS SINNLOSE SINN MACHT

Kein Schlaf. Ziellos umtriebig im Bett. Sinnlose Fragen gehen mir im Kopf herum. Warum ist überhaupt etwas und nicht vielmehr nichts? Wohinein dehnt sich das Universum aus? Was ist der Sinn des Lebens, der Sinn des Sterbens? Was ist der Sinn all der sinnlosen Fragerei? Plötzlich, wie zum Hohn, der Gemeinspruch: „Morgenstund hat Gold im Mund." Woher kommt dieser Unsinn? Jetzt bin ich hellwach, jetzt will ich's wissen. Hin zu meinem Notebook, rein ins Netz und ausgegoogelt das Mysterium! Da steht, es handle sich um ein Sprichwort, das besage, dass sich frühes Aufstehen lohne, weil sich am Morgen gut arbeiten lasse und Frühaufsteher mehr erreichten. Aha. Und warum Gold im Mund? Endlich stoße ich auf den lateinischen Ursprung: *Aurora habet aurum in ore*. Ach, Aurora, die Göttin der Morgenröte ist es, von welcher der Mythos zu berichten weiß, dass sie Gold im Mund und in den Haaren trage ... Das ist ein schönes Bild, und daher eines, das mich beschwingt. Die Frühstücksbrötchen, die ich heute aufbacken werde, mögen golden werden, auf dass sie uns munden, mir und meiner Frau, die gerade nach mir schauen kommt, indem sie sich über meine Bettflucht mokiert: „Morgenstund hat Gold im Mund." Und so ergibt das Sinnlose schließlich doch noch Sinn, wenn auch einen, der – wie mir scheint, falls ich das Zwinkern in den Augen meiner Frau richtig deute – irgendwie auf meine Kosten geht. Macht sich etwa die Göttin der Morgenröte über meine Frühstücksbrötchenpoesie lustig?

FAMILIENDEPP AM MORGEN

Ich habe mir noch nicht einmal den Morgensand aus den Augen gerieben, schon springt mir aus der Morgenzeitung der Geist der Zeit entgegen. Es handelt sich, wie könnte es anders sein, um den widerwärtigsten Ungeist. Nein, es geht nicht um die sogenannte Realität: nicht um das Flüchtlingselend, das Wirtschaftselend, das Klimaelend – um das ganze elende Weltelend. Das, was mir in meine noch morgensandigen Augen springt, ist eine kritikerelende Zeitungszeile, die in mein wieder einmal weltaufnahmebereites Gemüt böse hineinfährt. „Zumindest", urteilt das Qualitätsfeuilleton über einen neuen Familienfilm, „ist er nicht zu versöhnlich geworden." Nicht zu versöhnlich! Es handelt sich um genau jenen Film, den anzuschauen ich mich seit Tagen freue. Ich habe gleich meine ganze Familie dazu eingeladen. Endlich einmal wieder, dachte ich mir, für eineinhalb Stunden bei Popcorn, Sportgummi und Cola eine Flimmergeschichte (leider flimmern die heutigen Kinoleinwände nicht mehr), aus der man Trost beziehen darf: Die Welt ist doch nicht *the devil's party*! Und warum nicht? Weil es die Orte gibt, Geborgenheitsorte, an denen der Teufel nichts verloren hat. Dort ist man, über alle Kleinbiestereien hinweg, einander zugetan, möge kommen, was da wolle. Wer das nicht versteht, ist ein Depp, jawohl. Ich denke mir also: Der Filmrezensent ist ein Familiendepp! Und so denkend ist mein Morgen gerettet, und ich freue mich auf einen Familienabend im Familienfilm, der hoffentlich so versöhnlich wie möglich wird.

Schlaf in guter Ruh!

20.000 sollen es gestern Nacht gewesen sein, die an unsere Grenze heranfluteten, aus aller Herren Länder, in denen der Teufel umgeht, der Hunger die Gedärme auffrisst, die Ruinen noch einmal zu Ruinen zerschossen werden. Das waren meine heutigen Nachtbilder, die keine Bilder waren, sondern ein sich ewig wiederholender Schriftzug an einer nie enden wollenden Mauer: *Mene mene tekel*... Heute, als ich in den Regen hinein aufwachte, geborgen unter meiner Daunenbettdecke – „Höre wie der Regen fällt, hör, wie Nachbars Hündchen bellt", mit diesen Zeilen im Ohr schlief ich einst als Kind traumselig ein –: heute also, unter der Bettdecke, weiß ich plötzlich wieder, wie das Wiegenlied weiterging: „Hündchen hat den Mann gebissen, hat des Bettlers Kleid zerrissen, Bettler läuft der Pforte zu, schlaf in guter Ruh!" So habe ich in guter Ruh geschlafen, und so, scheint mir nun, war alles nur der Traum von der guten Ruh inmitten der ewigen Welthölle. Wir errichten die nie enden wollende Mauer ohne Pforte, da bleiben die 20.000 für immer ausgesperrt, sodass wir sie nicht beißen lassen müssen, nicht wahr? Wir sind human geworden. Und nun, während ich aus dem Bett krabble, kommt mir vor, unsere Humanität sei das Schlimmste, die letzte Maske des Teufels. Ich drehe das Radio nicht auf, ich schalte den Fernseher nicht ein, ich finde Trost einzig in meinem goldbraun aufgebackenen Frühstücksbrötchen. Aber der Trost ist schal, denn ich weiß nicht, wem ich dafür danken sollte. Heute weiß ich es nicht, und es gibt keinen Trost ohne Dank.

Die Geissel Realität

Es ist 6 Uhr 30, ich ziehe die Jalousien hoch und blicke in den ersten Morgendämmer – die Zeit im Jahr ist auch schon wieder reichlich fortgeschritten –, und dabei höre ich vor der Türe bereits die Morgenzeitungen rascheln. Nein, es raschelt nicht, es zischt und faucht und grinst mich höhnisch an. Jedenfalls kommt es mir so vor, als ich die Wohnungstür einen Spalt breit öffne, um mir die Zeitungen zu schnappen. Es zischt und faucht, ich höre es, noch bevor ich die politischen Kommentare überfliegen kann. *Die Realität hat uns eingeholt.* Horror! Terror! Wahnsinn! Wieder einmal. Eingeholt. Ich blinzle die Kommentare an, aus den Augenwinkeln, mit halbgeschlossenen Lidern, die Kommentare grinsen – wie mir scheint – höhnisch zurück. Alle Geistesmenschen und sonstigen Realitätsverweigerer bekommen sie heute Morgen zu lesen, die *Realität*. „Terror! Horror! Wahnsinn!" Hunderte sind tot. Wann werden es Tausende sein? Nur wer in der Realität lebt, wird nicht von ihr eingeholt. Zerknirscht betrachte ich zwei alte Orchideenstöcke, die auf dem Fensterbrett meiner Frühstücksecke blühen. Die anderen ruhen, rüsten zum großen Erblühen. Und so bekomme ich, im Anblick der zartgelben, rosagefiederten Blüten auf den luftigen Rispen, doch noch eine Ahnung von der Realität: von der *Herrlichkeit der Welt*, welche zu erleben die Sehnsucht in uns allen ist, auch – da bin ich mir sicher – all jener, deren Schicksal die Kommentatoren beflügelt, mich hier und jetzt mit der Realität zu geißeln.

JETZT FEHLT SCHON WIEDER WAS!

Männer leiden unter kalten Morgenfüßen. Oder sind es die Frauen? Egal. Ich laufe mit nackten Füßen in der Wohnung herum, nachdem ich beim Aufstehen meine Morgensocken nicht finden konnte. Und jetzt suche ich nach den Filtertüten für den Morgenkaffee. Die sollte man morgens auch immer dabei haben, denke ich unwirsch, und während ich so hin und her denke (die Filtertüten sind mittlerweile aufgetaucht), kommt aus dem Radio eine morgenmuntere Stimme, um vom Regen Kunde zu geben, der uns heute nass machen wird. Man sollte also, falls man eine Wanderung vorhat (habe ich nicht), wetterfeste Kleidung anziehen. Inzwischen sind meine Morgensocken aufgetaucht, und zwar in der Sockenlade des Kleiderkastens, genau dort, wo sie liegen sollten. Ich weiß nicht, wie sie dorthin gekommen sind. Egal. Eine andere morgenmuntere Stimme aus dem Radio berichtet gerade darüber, dass noch immer – oder schon wieder? – zehntausende Flüchtlinge im Freien schlafen mussten. Ich hingegen habe alles und doch fehlt mir immer irgendetwas, was da sein sollte, sofort, unbedingt ... Europa mag unter der „Flüchtlingsfrage" zerbrechen (und wenn Europa darunter zerbricht, dann ist es nicht schade um diesen schandfleckigen Nationenfleckerlteppich der scheinheilig händeringenden Welt), das Abendland – mein Abendland – wird bestehen, solange am Morgen schon wieder etwas fehlt. Denn die Hoffnung auf das Fehlende, das sich finden, einfinden wird – dies ist der Morgen des Abendlandes nach seinem Untergang.

Wie Muscheln von den Augen

Wieder so ein Tag, der damit beginnt, dass ich die verklebten Augen nicht aufbekomme. Meine ältere Enkeltochter E. hat mir das gelegentlich so erklärt: Bevor ich einschlief, kam dem Sandmännchen das Sandsäckchen aus und dabei rieselte, was total logisch ist, zu viel Sand in meine Augen. E. gilt in meiner Familie als diejenige, die – wie meine Tochter sagt – „für alles eine Erklärung hat". Als ich E. fragte, warum, wenn es doch der Sand war, der dem Sandmännchen auskam, mir dann morgens die Augen verklebt, statt blankgescheuert sind, da antwortete E., indem sie sich ein wenig über meine Unwissenheit mokierte, das habe mit der Tränenflüssigkeit zu tun, die meine Augen nachts absonderten. Manche Menschen, sagte E., weinen nachts, weil sie tagsüber traurig sind, und dann verklebt der Sand in ihren Augen. Solchen Menschen, sagte E. – wobei sie sich auf die Geschichte über einen traurigen Meeresriesen berief, dem bei Flut nicht seine prallgefüllten Netze, sondern seine abenteuerlustigen Meerjungfrauen davongeschwommen waren –, fällt es dann am Morgen, wenn der Sand wieder getrocknet ist, wie Muscheln von den Augen. Jetzt sitze ich am Bettrand praktisch blind, einem Nacktmull vergleichbar, und das stimmt mich irgendwie heiter. Laut E. werden nämlich die Meerjungfrauen zu ihrem Meeresriesen zurückkehren; hungrig – und wie! –, um mit ihm zusammen die prallgefüllten Netze schmatzend zu leeren. Da spüre ich, wie es mir wie Muscheln von den Augen fällt: Zeit, das Frühstück zu bereiten.

AUS ALLEM ETWAS MACHEN

Morgenklamm. Schon beim Erwachen scheint nichts zu gelingen, nicht einmal das Erwachen. Ich bin wach, habe aber das beklemmende Gefühl, daraus nichts machen zu können. Das ist, denke ich mir, absurd, und strecke einen Fuß (den falschen, mit dem ich immer aufstehe) unter der Bettdecke hervor – absurd, weil was sollte man schon daraus machen können, dass man erwacht? Man erwacht, „Guten Morgen, neuer Tag!", und basta. Da höre ich von draußen, durch das geschlossene Schlafzimmerfenster und die heruntergelassenen Jalousien, fünf Stockwerke unter mir, auf der Ausfahrtsstraße, wo bereits das Brummen der Autos anzeigt, dass die Menschheit aus dem neuen Tag etwas machen wird, die Sirene eines Krankenwagens aufheulen. Sie heult und heult. Mir kommt der Gedanke, dass da irgendwo einer herumliegt, der nichts mehr aus seinem Tag machen wird. Und dann fällt mir mein Verwandter ein – jeder hat so einen in seiner Verwandtschaft, oder? –, von dem es heißt, dass er aus allem etwas machen kann. Er kann aus nichts etwas machen. Er ist Lebenskünstler. Die Folge meinerseits, bei unter der Bettdecke herausgetrecktem Fuß (kein Zweifel, ich werde wieder einmal mit dem falschen aufstehen): Morgengrauen. Da murrt meine neben mir schlafende Frau, die sich gerade von einer Seite auf die andere dreht: „Was machst du denn?" Weil ich aber nichts mache, sage ich wahrheitsgemäß: „Nichts!", und spüre sozusagen lebenskünstlerisch, dass sich aus diesem Tag vielleicht doch noch etwas machen lässt.

Plappermäulchens Sorgenkur

Aufwachend klebt mir die Zunge am Gaumen. Das kommt mir symbolisch vor. Eine Vorausweisung auf den Tag. Früher, als ich noch jünger war – und daher hypochondrischer –, hätte mich eine beim Aufwachen am Gaumen klebende Zunge an mindestens zwei Dutzend möglicher Todeskrankheiten gemahnt. Heute kommt mir bloß in den Sinn: „Du wirst wieder nichts zu sagen haben!" Das ist meine morgendliche Selbstgeißelung dafür, dass mich schon seit geraumer Zeit die Bedrängnis heimsucht, ich hätte nichts mehr zu sagen. Für einen wie mich, der sein Geld damit verdient, flüssig zu sprechen und zu schreiben und dabei den Eindruck zu erwecken, etwas zu sagen zu haben, ist eine solche Bedrängnis natürlich niederschmetternd. Warum soll ich nicht überhaupt gleich liegenbleiben? Trotz des besorgten Protests meiner Frau bleibe ich liegen. Da klingelt es an der Tür. Meine ältere Enkeltochter E. wird heute frühzeitig bei uns „abgegeben". Es ist E.s sogenannter kindergartenfreier Tag. Von meiner Frau mit einem „Hallo, Plappermäulchen!" begrüßt, stürmt sie plappernd über unsere Schwelle und an mein Sorgenbett. Über alles, was sie daherplappert, bin ich entzückt. Die Lust, mit E. mitzuplappern – ich glaube, es geht um den Zaubersand der Feenprinzessin, der ohne Zauberspruch völlig nutzlos wäre, völlig! –, ist unwiderstehlich. „Simsalabim!", plappert mich E. an, während sie mir Feensand in mein Sorgenbett streut, und ich humple plappernd mit: „Bim!" Und schon hat sich meine Zunge vom Gaumen gelöst.

Fast schon weise

Früher glaubte ich nicht, dass das Alter weise mache. Oder auch nur weiser. Aber tiefer, das schon. Sofern man im Alter nicht verblödet, wird man irgendwie tiefer, nicht wahr? Man kommt der Schwelle näher, die, wenn man sie erst überschritten haben wird, einem ein zusätzliches Licht aufsetzen wird. Man kommt den Archetypen näher. Und die Träume werden die Vorweisung sein. Man wird im Alter tiefer, dachte ich, weil die Träume tiefer werden. „Wir sehen itzt durch einen Spiegel in einem dunkeln Wort ...", heißt es bei Luther in dessen Übersetzung des Ersten Korintherbriefs. Wenn wir uns daranmachen, dachte ich, durch den Spiegel zu gehen, wird das Wort aufhellen und lesbar werden. Ich habe das übrigens nie verstanden. Egal, ich musste feststellen, dass, je älter ich wurde, meine Träume nicht tiefer, sondern immer flacher wurden. Heute Nacht beispielsweise träumte ich, bevor ich wieder einmal mit dem falschen Fuß aus dem Bett stieg, dass ich wieder einmal mit dem falschen Fuß aus dem Bett stieg. Zuerst hielt ich das Flachwerden meiner Träume für ein erstes Anzeichen von Altersverblödung. Die Folge: Morgengrauen. Bis mir dämmerte, dass es genau umgekehrt war. Solange wir nicht „von Angesicht zu Angesicht" schauen (1. Kor. 13,12), treffen wir hinter dem Spiegel immer nur einen weiteren Spiegel, *denselben* Spiegel, nicht wahr? Wenn uns aber erst dämmert, dass, solange wir leben, uns hinter dem Spiegel unser Leben erwartet, immer nur unser Leben – dann sind wir fast schon weise geworden.

Das gute alte Ich

Unruhige Nacht. Einmal ist es zu heiß unter der Bettdecke, man schlägt sie zurück. Dann wieder ist es zu kalt. Man steht auf, kramt im Halbschlaf fröstelnd in irgendwelchen Laden herum, um noch eine Wolldecke zu finden, die man sich über die Bettdecke breiten könnte. Dabei stößt man im Dunkel an alle möglichen Ecken, die von irgendwelchen Möbeln abstehen. Man spürt die blauen Flecken, die man bekommen wird. Was liegt, das pickt, auch wenn alles fließt, die Zeit, das Ich. Seltsame Gedanken über die Zeit und das Ich gehen einem durch den Kopf, der einem unpersönlich auf dem Hals sitzt. Man liegt wieder wach, man schwitzt, man fröstelt. Man hat Erkenntnisse: Das Ich ist ein Fluss. Man steigt in den Fluss, das Ich watet in sich selbst im Kreis, sozusagen. Man liegt wach, obwohl man schläft. Man dämmert, man treibt dahin in Heraklits Fluss, in den man nicht zwei Mal steigen kann. Man kann nicht zwei Mal in denselben Fluss steigen. Die Zeit nimmt alles mit sich, auch die Zeit. Auch das Ich. Im Vormorgendämmer steht die Zeit still; ich habe kein Ich mehr. Das lässt sich grammatikalisch gar nicht mehr in die rechte Form bringen, geschweige denn existenziell. Ich fahre hoch, die elektronische Uhr neben mir zeigt 4 Uhr 45, nachtschlafende Zeit, aber ich bin jetzt hellwach und heilfroh, wieder mein Ich zu haben, das ich erst gestern, altersmüde, vor dem Einschlafen loswerden wollte. Guten Morgen, gutes altes Ich!

Das Interne Prinzip Hoffnung

Mein erster Gedanke beim Aufwachen galt nicht mir, sondern meinem Internisten, bei dem ich heute einen Termin habe. Ich bin angemeldet zur jährlichen Kontrolluntersuchung. Bisher war das immer ein Grund dafür, dass mein gewöhnliches Morgengrauen zu einem ungewöhnlich fiebrigen Rückblick auf mein bisheriges Leben wurde. Und da lag es also, noch bevor der Tag graute, vor mir: ein Haufen, der sich zu keinem schönen Ganzen formen wollte. Überall lagen irgendwelche unerledigten Sachen herum, an allen Ecken und Enden verpasste Möglichkeiten und dann wieder Möglichkeiten, die ergriffen wurden und in existenziellen Sackgassen endeten. Letztes Jahr erzählte ich meinem Internisten, während er gerade meine Innereinen aushorchte, von meinem Lebensrückblick angesichts der alljährlichen internen Kontrolluntersuchung. Und dass es, soweit es mich betreffe, jedes Jahr schlimmer werde. Mein Lebenshaufen werde größer, die Unordnung nicht geringer. Darauf sah er mich an und sagte Folgendes: „Nichts Auffälliges, kommen Sie in einem Jahr wieder, dann sehen wir weiter ..." Das war's, das hatte ich nicht bedacht. Ich spürte, wie sich mein bisheriges Leben zu einem schönen Ganzen ordnete. In einem Jahr werden wir weitersehen, super! Ich nenne diese Lebenskunstmaxime meines Internisten ab sofort das „Interne Prinzip Hoffnung" und springe seither, kaum bin ich zu geordnetem Bewusstsein erwacht, mit beiden Beinen aus dem Bett, gestärkt für die nächstjährig-jährliche Kontrolluntersuchung meines Lebens.

MEINE PRINZIPIELLE NACHT

Gestern beim Urologen zur Jahreskontrolluntersuchung. Heute eine „prinzipielle" Nacht hinter mich gebracht. Ich nenne eine Nacht prinzipiell, wenn ich wachliege, weil ich mir „prinzipiell" keine Sorgen zu machen brauche. Dass ich mir prinzipiell keine Sorgen zu machen brauche, versicherte mir erst gestern mein Urologe, nachdem er alle meine Laborwerte mit freundlichem Blick studiert hatte, so, als ob er auf alte Bekannte träfe. Allerdings schien sich da ein ungebetener Gast eingeschlichen zu haben, denn mein Urologe zog plötzlich die Augenbrauen hoch (ich verfiel sofort in eine Art Erwartungsstarre). Dann schaute er mich aufmunternd an und sagte, er werde mir jetzt eine Überweisung schreiben – ich glaube, es fiel das Wort „Feinnadelbiopsie" –, obwohl ich mir „prinzipiell" keine Sorgen zu machen brauchte. Seither mache ich mir prinzipiell keine Sorgen, trotz des Umstandes, dass mein Urologe auf meine erwartungsvolle Abschiedserkundigung „Also dann, bis zum nächsten Jahr?" freundlich den Kopf schüttelte: Das werde leider nicht möglich sein (mir wurde gleich schwarz vor Augen), denn er gehe nächste Woche in Pension. Seither lebe ich im Zustand eines „prinzipiell" Sorglosen, der das erste Mal richtig verstanden zu haben glaubt, was Martin Heidegger meinte, als er den Menschen als ein *Sein zur Sorge* bestimmte. Es ist nämlich die tägliche Sorge, die uns jener „prinzipiellen" Sorglosigkeit enthebt, welche keine rechte Lebendigkeit aufkommen läßt. Mein Vorsatz für den Tag: Mir Sorgen machen, aber so richtig!

Halt die Ohren steif!

Als Kind besaß ich einen Bären, der hieß „Peterle". Peterle durfte neben mir schlafen, was ihm tüchtig zusetzte, da ich einen unruhigen Schlaf hatte. Jedenfalls wurde mir erzählt, dass ich ihn nachts nicht nur umklammert hielt, sondern auch seine Ärmchen und Beinchen verdrehte und an seinem Fell riss. Am schlimmsten soll ich es aber mit seinen gesteiften Ohren getrieben haben, die ich, so die Erzählung, in den Mund nahm und als Schnuller-Ersatz benutzte (denn meinen Schnuller pflegte ich vor dem Einschlafen tief in meinem Polster zu verstecken, damit ihn mir keine böse Schnuller-Fee wegnehmen konnte). Irgendwann verschwand Peterle aus meinem Leben. Das ist schade, aber es ist ja irgendwie überhaupt schade, dass man erwachsen wird, nicht wahr? Denn das bedeutet, man muss irgendwann sterben. Zu Peterles Zeiten war das noch anders. Ich wachte auf und er war da, neben mir, und hielt seine malträtierten Ohren steif. Dass man seine Ohren steifhalten sollte, war eine Redewendung, die ich aufgeschnappt hatte, also sagte ich allmorgendlich zu Peterle, der seine gesteiften Ohren steif hielt: „Halt deine Ohren steif!" Und darum, so kommt mir heute vor, wenn ich mit hängenden Ohren aufwache, geht es im Leben: nämlich darum, das Wesen, das man liebt, in seinem Sein und Dasein zu bekräftigen, indem man es bittet, so zu sein, wie es ist. Heute Morgen hat meine Frau etwas über meine hängenden Ohren gesagt. Sie hat gesagt: „Ich bitt dich, du hältst sie ja eh steif!" Und das war dann auch in Ordnung, sogar sehr.

OUBLIER MONTAIGNE

Philosophieren heißt sterben lernen. Ich habe diesen Essay des Philosophen Montaigne noch nie leiden können. Die Ratschläge, die uns Montaigne erteilt, um philosophierend das Sterben zu lernen, sind für Morgenphilosophen wie mich eine – ich muss schon sagen – Zumutung. Zum Beispiel: Man soll dem Tod mindestens ein Mal täglich ins Auge blicken. Das ist, wenn man aufwachend dem Tod ins Auge zu blicken versucht, ein Ärgernis. Denn der Tod hat kein Auge. Oder: Man soll sich in allen möglichen Variationen ausmalen, wie es wäre, eine Leiche zu sein. Was mich betrifft, so finde ich es eine Zumutung, mir noch vor dem Verzehr eines knusprig aufgebackenen Frühstücksbrötchens vorstellen zu sollen, wie es wäre, eine Leiche zu sein. Kurz gesagt: Montaigne ist nichts für Morgenphilosophen. Und je älter ich werde, umso mehr wird mir zur existenziellen Gewissheit, dass philosophieren überhaupt nicht das Richtige fürs allmorgendliche Aufwachen ist. Kaum wache ich auf, schon philosophiert es in mir. Was tun? Am besten, war heute mein erster Gedanke beim Aufwachen, gar nicht erst aufwachen – kein brauchbarer Aufwachgedanke, oder? Mir reichte es. Mein heutiger Vorsatz, noch bevor ich mit dem falschen Fuß aufstand, lautete daher: *Oublier Montaigne*, Montaigne vergessen. Und so begriff ich beim Aufwachen endlich, was philosophieren heißt: Philosophieren heißt *nicht*, sterben lernen, es heißt, *aufwachen* lernen. Das ist schon schwer genug!

Vom Ausgelernt-Haben

Aus Anlass eines Films mit dem freundlich alternden Robert de Niro und der reizend quecksilbrigen Anne Hathaway geht im Moment in allen Kulturnachrichten ein Gemeinspruch um, der unsereinen den seelenruhigen Schlaf – der meine Sache ohnehin nicht ist – verdirbt: „Man lernt nie aus." Als ich heute Morgen meine Morgenliturgie feierte (mit dem falschen Fuß aus dem Bett steigen, im Ofenrohr bei 60 Grad Umluft drei Frühstücksbrötchen für meine Frau und mich aufbacken, den Filterkaffee durchrinnen lassen, dazwischen Klosettbesuch und Morgenwäsche, hinterher den Tisch in unserer Frühstücksecke neben dem Fensterbrett mit den sich zur Winterblüte rüstenden Orchideen decken ...) – während ich also das alles mit einer, ich muss schon sagen, heiligen Ehrfurcht vor dem schönen Immerselben tat, da fasste ich wieder einmal den Entschluss, an diesem mir geschenkten neuen Tag nichts dazuzulernen. Absolut nichts! Das umlaufende Gerede übers „lebenslange Lernen", wonach unser Leben vom Saugen an der Mutterbrust bis zum Exitus dem Lebenstüchtigkeitsimperativ „Man lernt nie aus!" genügen müsse, war ein perfider Teufelstrick. Durch ihn sollten wir daran gehindert werden, während unseres kurzen Erdendaseins jemals halbwegs irgendwo anzukommen – zum Beispiel bei einem gedeckten Morgentisch, dessen stiller Glanz uns ein Sinnbild des Bleibenden sein mag, während doch alles hier und jetzt von der Zeit hinweggerafft wird. Mein Stoßgebet, jeden Tag erneuert: Endlich ausgelernt haben! Amen.

Teil 2
Verlegthaben und Nichtfindenkönnen
Frühwinter 2015

Die Weltlandschaft

Blick aus dem Fenster. Peter Handke sagte einmal, das Wetter sei immer schön, und das sagte er – glaube ich – irgendwo in einem Pariser Vorort, wo der Schnürlregen einen grausilbrigen Vorhang über die herbstliche Natur legte. Na schön, denke ich mir, wenn mein Wettervorbild Handke so denkt, dann will ich mich nicht zieren an diesem verregneten Morgen, der mich, ehrlich gesagt, an den *Düsteren Tag* von Pieter Brueghel dem Älteren erinnert. Aber zeigt nicht gerade dieser Tag, der keinen realen Ort abbilden will, eine *Weltlandschaft*? Ich sehe durch die schon fast entlaubten Bäume hindurch die kleine Mauer entlang des ehemaligen Frauenklosters auf der gegenüberliegenden Straßenseite. Irgendwer hat dort ein Transparent angebracht: „Refugees Welcome". Solche freundlichen Transparentaufschriften und Sprühbotschaften finden sich neuerdings auch auf dem Gelände unserer Universität. Das ist normal. Hier aber, angesichts des die Ausfahrtsstraße fünf Stockwerke unter mir entlangrollenden Morgenverkehrs, berührt mich der Willkommensgruß seltsam, so, als ob jemand vergessen hätte, dass da nirgendwo irgendwelche zu Begrüßenden sind. Die Völkerwanderung in den Winter hinein findet anderswo statt. Ich stehe im Warmen und schaue dem Regen zu. Auf einmal hellen die bunten Gewänder einiger Asylanten, die der Kirche neben dem Kloster zustreben, meine Dunkelheit auf. Frühstück? Almosen? Geistlicher Trost? Und plötzlich weht das „Welcome" nicht mehr ins Leere hinein. Es weht in einer Weltlandschaft, wo das Wetter immer schön ist.

MORGENS KEINE GROSSEN DENKER

Hörfunktermin in der Hauptstadt, es ging darum, wie es ist, ein Philosoph zu sein. Pflichtgemäß, wenn auch ironisch, wurde dem Pathos Tribut gezollt, mit dem – die seinerzeit so genannten – „großen Denker" ihre Thesen verfochten, als ob es damals noch darum gegangen wäre, die Welt zu retten, die nach dem Dekret ebenderselben großen Denker schon längst untergegangen war. Na ja. Ich mokierte mich pflichtgemäß ein wenig darüber, dass wir heute, jeden Tag aufs Neue in zig Fernsehkanälen, erleben dürfen, wie die Welt gerettet wird und wie sie untergeht, alles zur gleichen Sendezeit. Aus dem Pathos der großen Philosophen hingegen war, so meine ironische These, die Intelligenzler-Rhetorik der philosophischen Duette und Quartette geworden. Zugegeben, in meiner Ironie schwang auch ein wenig Eitelkeit mit: Licht und Schatten der Großen fielen nicht ganz an dem Zwerg (mir) vorbei, der da zur Plauderstunde ins Studio gebeten worden war. Bei Antritt der Heimreise sah ich dann die Gestrandeten, auf dem Boden des Hauptbahnhofs kauernd. Unter ihnen befanden sich viele Kinder, plappernd, etwa im Alter meiner Enkeltöchter, deren Geplapper mir gerade jetzt, morgens, da sie ins Wohnzimmer stürmen, Trost spendet. Dass „nach Auschwitz" kein Gedicht mehr möglich sei, war ein Diktum des großen Denkers der Frankfurter Schule, Theodor W. Adorno, gewesen: ein Diktum, das er später wieder zurücknahm, halbherzig zwar, aber doch – und zu Recht, und sei's nur um jenes Geplappers willen, hier wie dort.

Bevor das Auge sonnenhaft wird

Es gibt Nachtjournale, Traumjournale. Warum gibt es keine Journale des Aufwachens? Das ist mir heute durch den Kopf gegangen, nachdem ich aufgewacht war. Mein Erwachen war schwerelos. Die Schwere und Tiefe der Nacht, die Flut des andrängenden Unbewussten hatten sich aufgelöst in einen Nebel aus Bilderlosigkeit; auch der vergangene Tag, ein Kaleidoskop aus bunt herumtreibenden Erinnerungsresten, war zurückgesunken in das Archiv meiner Seele. *Erwachen*: Noch ist nichts geschehen, was die Maschinerie des Alltags wieder in Gang setzen und zum Schnurren bringen würde. Das Bewusstsein ebbt. Die Augen sind geschlossen, sie warten darauf, dass sich die Lider öffnen und wieder einmal einen Tag lang wahr wird, was Goethe dichtete: „Wär nicht das Auge sonnenhaft, die Sonne könnt es nie erblicken." Die Welt, welche das Bewusstsein fluten wird, und das Bewusstsein, welches die Welt mit Licht begabt – beides verharrt einen langen Moment lang im Zwischenreich zwischen Wachen und Schlafen, vergleichbar den zart zusammenklebenden Flügeln des Schmetterlings, der noch nass ist vom Dasein als Puppe. Es ist Schwellenzeit, nicht Journalzeit. Mag sein, dass sich der Traumschmetterling wieder verpuppt, hineinverpuppt in das bergende Dunkel. Wahrscheinlicher ist, dass er zur Sonne hin erwacht. Ich bin erwacht, die Sonne halb verborgen hinter den Jalousien. Nach der Schwellenzeit kommt die Frühstückszeit; erst dann wird das Auge sonnenhaft – woran der Dichterfürst hätte denken können, oder?

Die freundliche Allerweltssynthese

Ich schaue aus dem Fenster. Im Radio wird gerade der Wetterbericht verlesen: Heute ist es in den Niederungen nebelig. „Die Dinge sind, was sie sind", pflegte unser Geschichtelehrer am Gymnasium gerne zu sagen, um uns davor zu warnen, in die Dinge – er sprach auch gerne von den „harten Fakten" – etwas „hineinzusehen". Daran muss ich jetzt denken. Draußen ist es noch dunkel, aber auf der Straße unter mir bewegen sich die Lichter der Autos, die zu seltsamen, geisterhaften Flecken geworden sind, die über mein Fenster gleiten, worin sich mein Morgengesicht spiegelt. Es wird überzogen und immer wieder verwischt von den Lichtauren, die durch den Nebel dringen. Die Dinge sind, was sie sind. Mein Geschichtelehrer glaubte an seinen Tacitus, ja es war fast eine Tatsachenreligion, die ihn beflügelte, während ich mir jetzt aus dem Lichtnebel im dunklen Fenster entgegenblicke, unheimlich verzerrt, als ob ich aus einem Bild des Malers Francis Bacon heraus Grimassen schnitte. „Irgendwie sind wir alle in die Dinge mit hineinverwoben", dozierte einer meiner Philosophieprofessoren an der Universität. Wer hatte recht, mein Geschichtelehrer oder mein Philosophieprofessor? These, Antithese, egal. Im Laufe des Tages werde sich der Nebel lichten, tönt es gerade vom Radio her, und darin scheint mir jetzt, indem ich mich morgendurchgraut von meinem ontologisch abgründigen Fenster wegdrehe, eine freundliche Allerweltssynthese zu liegen: Die Dinge werden *sich* lichten, die Dinge werden *mich* lichten …

MEIN KLEINER MORGENEXORZISMUS

Die Sirene des Rettungswagens macht die Fensterscheiben zittern. Dann noch eine und noch eine. Dahinter andere Sirenen, Polizei und Feuerwehr. Ich lasse den Kaffee durch die Filtermaschine rinnen, backe die Brötchen auf, stelle Butter und Marmelade zurecht. Irgendwo ist immer der Teufel los. Der stille Glanz des Frühstückstisches versetzt mich in eine Stimmung, für die mir im Moment der rechte Name fehlt: *welteinverständig* – ja, das ist es. Aber gleich fällt mir wieder Max Horkheimer ein, der irgendwo in seinem einst berühmten Reflexionenbuch *Dämmerung* schrieb, dass, während wir vom Teufel schreiben, der um unser Haus schleicht, wir es selber seien. Wir tun ja nichts dagegen, dass draußen die Menschen elend zugrunde gehen, nicht nur an den üblichen domestizierten Todesursachen (wir haben Rettung, Polizei und Feuerwehr, Notärzte und Krankenhäuser, wir haben die Caritas), nein, an unzähligen anderen Unmenschlichkeiten. Es regnet noch immer in Strömen, die Vorwinterkälte, aus Russland eindrehend, ist bei uns angekommen. Irgendwo jenseits der Grenze meines Landes, nicht weit weg vom Glanz meines Frühstückstisches, harren tausende Flüchtlinge in durchnässten Notquartieren aus, mit Kind und Kegel. Dämonische Unruhe flackert rund um meine Morgenidylle auf. Und doch: Der Glanz ist da. Dagegen ist der Teufel machtlos, auch der in uns. Mein täglicher kleiner Morgenexorzismus: Pflege den Glanz, dann geh und tu, was du kannst, mehr hast du nicht!

Der allerwichtigste Termin

Verschlafen! Ein Gedanke wie ein elektrischer Schlag, der meine Beine in Bewegung setzt. Meine Beine setzen sich in Bewegung, noch bevor mein Körper weiß, wie ihm geschieht. Heute kann natürlich keine Rede davon sein, dass ich auch nur die geringste Chance hätte, statt mit dem falschen mit dem richtigen Fuß aufzustehen. Verschlafen, und zwar gründlich! Die Sonne blinzelt zwischen den Jalousien durch. Ich weiß nicht, was ich zuerst tun soll: meine Frau wachrütteln, ein Notfrühstück machen oder gleich ins Badezimmer rennen. Da fällt mir ein, dass ich gar keinen Morgentermin habe, den ich versäumen könnte. Und meine ungerührt schlafende Frau offenbar auch nicht. Beruhigt mich das etwa? Sinke ich erleichtert ins Bett zurück? Keine Spur! Denn nun werde ich von dem Gedanken gebeutelt, „den Tag verschlafen", also etwas getan zu haben, was auf gar keinen Fall sein durfte. So hatte man es mir in meinen Kindertagen eingebläut und so musste es daher sein. Plötzlich bemerke ich, dass meine Nachttischuhr stehengeblieben ist, ich öffne die Jalousien einen Spalt und sehe, dass der Kabinenscheinwerfer eines in der Nacht aufgebauten Krans direkt in unser Fenster leuchtet. Rundherum ist alles schwarz. Noch steht die Nacht um unser Haus. Ich könnte mich wieder ins Bett legen, bleibe aber wach. Hellwach. Bei dem Gedanken, „den Tag nicht zu verschlafen", komme ich mir vor wie einer, der den allerwichtigsten Termin seines Lebens einhalten muss – absurd und doch unter uns Sterblichen irgendwie grundvernünftig, oder?

Der Traum von der grösstmöglichen Erleichterung

Heute hatte ich wieder einmal davon geträumt, dass mir die Last des Lebens von den Schultern genommen wurde. Das ist mein Traum von der größtmöglichen Erleichterung. Jetzt saß ich auf der Bettkannte und lauschte in die Dunkelheit. „In die Dunkelheit lauschen", das tut man nicht wirklich; man tut vielmehr so, als ob ... Man folgt einer literarischen Formel, nicht dem Leben. Ich weiß aber eigentlich auch nicht, wie man dem Leben folgt. Ich saß auf dem Bettrand, eingepackt in eine Traumvernebelung, in der lauter mehr oder weniger geistreiche Plattitüden, Redewendungen und Pathosformeln durcheinanderwirbelten. Das war die Nachwirkung des Traums von der größtmöglichen Erleichterung. Es war eine Eigentümlichkeit dieses Traums, dass man nachher nicht wusste, was es war, das man geträumt hatte. Und es endete auch dieses Mal damit, dass mich ein plötzlicher Harndrang veranlasste, nicht mehr in die Dunkelheit zu lauschen, sondern schleunigst den sprichwörtlich „stillen Ort" aufzusuchen, um mich zu erleichtern. Ich musste jetzt nur darauf achten, dass diese Handlung keine bloß literarische Geste blieb. Man sagt ja, die altgriechischen Kyniker, die „hündischen Philosophen", hätten öffentlich auf dem Marktplatz uriniert. Nein, was ich gerade tat, war einfach, was ich gerade tat. Da war kein „Marktplatz der Meinungen", um sich zu „erleichtern". Na also, dachte ich, geht ja! Sehr erleichternd.

GRUNZGRUNZGRUNZIG

In der Nacht schreckte ich hoch, mir war, als hätte ich Grunzlaute gehört, direkt aus dem Höllenpfuhl. Und nun, da ich hellwach bin, fällt mir der Gesinnungsschnüffler ein, der mir seit Längerem an den Fersen klebt, sozusagen. Da sich in unseren denkwürdigen Tagen ein politischer Höllenmob formiert hat, der sich einen „kleinen Hitler" wünscht, hat auch der Gesinnungsschnüffler Hochsaison. Er schnüffelt nach den Trüffeln des Teufels. Und so einen Schnüffler habe ich an den Fersen kleben, er schnüffelt an meinen Sätzen, die ich gerade geschrieben habe, an den Orten, wo ich zurzeit publiziere, an den Verbindungen, die ich aktuell pflege – und natürlich habe ich auch eine beschnüffelbare Vergangenheit. Und immer findet er irgendwo einen kleinen kostbaren Trüffel, zwar nicht akkurat bei mir, indes tauchen um zwei, drei Ecken meines Lebens garantiert Gesinnungen auf, die „verdächtig" sind. Heute schickte mir der Gesinnungsschnüffler tiefnachts, via SMS, seine typische Gesinnungsschnüfflerfrage, die mich weckte, weil mein Handy neben meinem Bett ein, wie mir schien, grunzendes Höllengeräusch von sich gab. Jetzt, morgens, während meine Enkeltöchter E. und H. gerade Schweinchenstall spielen und mich ihr „Grunzgrunzgrunz …" entzückt, beantworte ich die gesimste Schnüffelfrage nach meiner Gesinnung. Ich tippe das Wort „Grunzig!" in mein Handy, dann knutsche ich E. und H. ab, die nicht recht wissen, ob ich grunzgrunzgrunzig genug bin, um beim Schweinchenstallspiel mitspielen zu dürfen.

LAND DER DURCHWINKER

Beim Hereinholen der Zeitung fällt mein Blick auf einen Satz der Titelseite: „Seit 1. September 2015 haben wir 230.000 Flüchtlinge durchgewunken." Oder waren es 320.000? Meine Augen werden immer schlechter, die Zahlen auf dem Papier immer länger und unschärfer. Egal. Zuerst setzt sich die Tatsache, dass wir ein Land der Durchwinker sind, in meinem Kopf fest, um dann, gewissermaßen, in meinen seelischen Blutkreislauf abzusinken. Und schon bewege ich mich durch ein Morgengrauen wie durch einen konturlosen Nebel. Ich bin ein Teil dieses Durchwinkerlandes, das nach dem letzten großen Krieg, als wir arm waren, 200.000 Flüchtlinge aus dem kommunistischen Osten aufnahm, und zwar, indem wir sie willkommen hießen. Heute geht es uns gut. Wir sind, so kommt mir vor, im florierenden Sozialstaat der Menschlichkeit überdrüssig geworden. Es reicht, trotz vieler guter hilfsbereiter Menschen, gerade noch zum Staat der Durchwinker. Da ich morgens gewöhnlich Patriot bin, zumindest solange, bis ich die Morgennachrichten höre, bin ich jetzt widerwillig durchdrungen von einem übelkeitserregenden Durchwinkergefühl. So etwas lässt sich kaum beschreiben. „Wir sind reif für die Islamisierung", hörte ich gestern einen altlinken Neurechten sich ereifern, und nun denke ich, nicht ohne klammheimlich revanchistischen Kitzel, das Undenkbare: „Zeit wird's!" Zur Feier meiner stillen Subversion (oder Konversion?) gibt es heute zum Frühstück echten Gebirgshonig, *made in Austria*.

Daraus wird nix

Ein ritualisierter Stoßseufzer meiner älteren Verwandtschaft nach einem Blick in die Zeitung über die laufenden Ereignisse, welche immer es auch sein mochten, lautete: „Was das noch werden wird?" Und dabei wurde es von Tag zu Tag besser. Aber viele Jahre lang war es eben schlechter geworden. Und jetzt kommt die Frage wieder, Tag für Tag, nach einem Blick in die Zeitung oder aus dem Fenster, wo gerade wieder einmal was los ist oder akkurat gerade nichts: „Was das noch werden wird?" Und da gab es einen – einen lebenslustigen Onkel, und hat nicht jeder so einen Onkel? (man muss nur genau hinhören!) –, der auf diese rhetorische Frage zu antworten pflegte: „Daraus wird nix." Es existiert eine ehrwürdige metaphysische Weisheit, die felsenfest feststeht, obwohl sie angeblich durch die Quantenphysik bereits widerlegt ist; sie lautet: *Ex nihilo nihil fit*, „Aus nichts wird nichts". Mir war das recht, so oder so, schon aus professionellen Gründen. Ein Philosoph sollte wissen, was er seinen Studenten erzählt. Aber ich könnte nicht sagen, dass mir durch jene Weisheit jemals so etwas erwachsen wäre wie ein Weltvertrauen. Dagegen die Weltweisheit meines Onkels. Dass aus dem, was immer noch werden wird, „nix" wird – das empfand ich stets als erleichternd. Mir wurde eine kleine Lebenslast von den Schultern genommen, die morgens besonders schwer wiegt. Heute wieder ein Tag, um etwas Anständiges zu tun, ohne bangen zu müssen, ob daraus nichts wird, denn: „Daraus wird nix."

Der Duft des Zuhause

Aus nichtigem Anlass – ein flüchtiger, frühwinterlich kühler Luftzug durchs Fenster – hatte mich gestern Abend eine Woge des Fernwehs durchflutet und weggetragen. Und dabei kam mir überhaupt kein bestimmtes Bild in den Sinn, es war kein Postkartenfernweh. Das Fragment einer Gedichtzeile ging mir durch den Kopf: *Wohin, ihr? Nirgendhin* ... Was mich durchdrang, war die Seligkeit des „Nirgendhin", die einherging mit dem Gefühl, alle Beschwernisse des alten Lebens und alle Fährnisse des nächsten Tages hinter mir gelassen zu haben. Heute Nacht dann bunte Schatten, aus denen Gerüche strömten, die Aromen des Meeres, der Wüste, alter Olivenhaine. Es waren nicht gar so viele, ich bin kein großer Reisender. Und jetzt, am Morgen, haben sich die bunten Schatten der Nacht, die mit aromatischer Unbestimmtheit lockten, in eine ziellose Erwartung aufgelöst. Erst in diesem Moment erfasste ich die Bedeutung der Welle, die mich wegtrug – „nirgendhin": Es war die älteste, wildeste Sehnsucht, die Paradieses-Sehnsucht. Rasch öffne ich das Fenster, um mein Gefühl zu beleben, doch nun kommt mir der Duft des gerade durchrinnenden Filterkaffees dazwischen. Und nun scheint mir auch – und nicht zum ersten Mal –, die rechte Art, mein wildes Fernweh zu kultivieren, bestehe darin, aus ihm den Duft des Zuhause herauszuschnuppern. Ist das Existenzialkitsch? Egal. Das Paradies ist hier, bei meinen Frühstücksbrötchen im Backrohr (60 Grad, Umluft, 5 bis 6 Minuten), oder es ist gar nicht.

Die Sehnsucht, da zu sein

Heute war ich schon früh unterwegs. Noch wurden keine Hunde Gassi geführt, nur ab und zu ein bettflüchtiger Läufer. Erst wenige Radfahrer huschten über die laubbedeckten Wege, die vor sich hin dunkelten. Die Nacht war nicht vollends gewichen. Was wollte ich draußen? Ich habe natürlich eine Erklärung parat. Ist es nicht eine Schande, dass wir Städter in unseren Wohnburgen aus Beton kaum dazukommen, den aufdämmernden Tag zu begrüßen? Und zwar ohne Hund an der Leine, ohne Pulsmesser am Handgelenk, ohne nervösen Daumen an der Fahrradklingel? Einfach so. Das wäre meine Erklärung, wollte mich jemand fragen, nun, da ich dabei bin, den Frühstückstisch zu decken. Ich habe den Tag aufdämmern sehen. Ich habe gesehen, wie die vom Nachtfrost harten Blätter von den Bäumen fielen. Ich habe gehört, wie sich da und dort ein Fenster öffnete, wie eine Zigarette aufleuchtete – ach, ein Nikotinglühwürmchen. Naturkitsch? Egal. Denn wenn ich ehrlich sein wollte (was ich nicht will), dann müsste ich zugeben, dass ich gar nicht draußen war, um den neuen Tag zu „begrüßen". Was ich wollte, war nämlich dies: wieder einmal spüren, *wie es ist, wenn man nach Hause kommt*. Es ist eine Sehnsucht in mir, die nie gestillt wird, wenn ich von einer Reise zurückkehre. Man reist heute, wie man einkaufen geht. Sightseeing, Sightshopping. Man kehrt nicht zurück, weil man nie wirklich weg war. Wenn ich reise, bin ich bloß woanders. Jetzt aber bin ich *da*, zurückgekehrt, um den Frühstückstisch zu decken.

MEINE NARZISS-ÜBUNG

Heute habe ich mich, gleich nach dem Aufstehen, im Badezimmerspiegel gründlich angeschaut, unterm grellen Halogen-Licht. Von Angesicht zu Angesicht mit mir selber. Normalerweise achte ich ja penibel darauf, dass ich im Halbdunkel beim Vorzimmerspiegel vorbeihusche – ohne Augenkontakt. Bloß nicht hinschauen! *Wer bin ich – und wenn ja, wie viele?* So ein Blödsinn! Morgens will ich weder das eine noch andere wissen, denn ich bin weder ich noch bin ich viele. Ich bin bloß einer, der so richtig noch keiner ist. Der sich nicht recht mag. Der – wie man so sagt – beim guten Wind davonkommen möchte. Aber heute war es wieder einmal soweit: Ich postierte mich vor dem Badezimmerspiegel, riss meine Augen auf und starrte mich an. Ich nenne das „meine Narziss-Übung". Denn angeblich mangelt es mir an narzisstischem Potenzial. Jedenfalls ist dies die fachliche Meinung meines Lebenskunsttrainers, mit dessen Assistentin ich ab und zu telefoniere, um vereinbarte Termine wieder abzusagen. Ich habe beschlossen, mir die Lebenskunst auf eigene Faust beizubringen. Mein Gesicht starrte mir also aus dem Badezimmerspiegel entgegen. Nun musste ich mich nur noch in mich selbst verlieben. Ich darf sagen, es ging heute schon besser. Zwar verliebte ich mich nicht ich mich selbst, doch an Selbstmord dachte ich auch nicht mehr. Der da im Spiegel kam mir stattdessen vor wie einer, der sich schleunigst rasieren, waschen und die Haare kämmen sollte. Na bitte, geht doch!

Stacheldraht für alle?

Was war uns nicht alles geweissagt worden? Globale Gerechtigkeit, Wohlstand für jeden/jede/jedes, der Weltstaat, die Besiedelung des Mondes, der Ewige Friede, über den Kant schon spottete, weil es sich dabei um den Namen auf einem Wirtshausschild gehandelt hatte – neben einem Friedhof. Ach ja, auch der Sieg über den Tod war in Aussicht gestellt worden. Daran wollte man nie so recht glauben, nur einige haben sich fürs ewige Leben einfrieren lassen. Uns andere beflügelte der Gedanke eines ruhigen Lebens in einem Europa ohne Zäune. Nun sind die Träume ausgeträumt. Ich wachte auf. Mein Computer machte „Ding-Dong". Eine E-Mail von einem Stacheldrahtgroßerzeuger, Motto: „Es gibt immer was zu tun", informierte mich darüber, dass alle Sorten von Stacheldrahtzäunen zu Billigstpreisen abgegeben würden, bei Selbstabholung ohne Aufpreis, Schutzhandschuhe inklusive. Die Botschaft wurde von einer Dringlichkeitsparole gekrönt: „Keine Zeit mehr zu verlieren! Es ist höchste Stacheldrahtzeit!" Zum Glück hatte ich nur geträumt, ich sei aufgewacht, wie ich beim Aufwachen erleichtert feststellte. Aber ein Schatten blieb. Was, wenn ich schon wachgewesen wäre und mir jetzt bloß einbildete, noch geschlafen zu haben? Was dann?? Erst ein Blick aus meinem Fenster auf die graue Kirche gegenüber, durch deren Türe sich gerade eine hüftschwache Frühmessebesucherin müht, beruhigt mich wieder: kein Stacheldraht, stattdessen weißer Rauch aus dem danebenliegenden Kloster.

Die Sache mit dem Wellness-Frühstück

Ich habe schlechte Laune. Ich sage meiner Frau, die gerade die Morgenzeitung liest, dass ich schlechte Laune habe. Das scheint sie nicht recht zu beeindrucken, denn sie liest weiter. Ich frage sie also, ob es ihr viel ausmachen würde, ein wenig ihrer Aufmerksamkeit meiner schlechten Laune zu widmen. Sie sagt, das sei kein Problem und liest, wie mir vorkommt, ungerührt weiter. Ungerührt! Jetzt fühle ich mich außerdem seelisch vernachlässigt. Ich sage also meiner Frau, dass ich mich seelisch vernachlässigt fühle. Darauf erwidert sie hinter ihrer Zeitung hervor, dass dazu gar kein Grund bestehe und ich ihr doch, bitte, die Marmelade reichen möge, mit der ich gerade mein Frühstücksbrötchen bestreiche, schlechtgelaunt, mich seelisch vernachlässigt fühlend. Ich sage daher meiner Frau, dass ich das Gefühl hätte, sie interessiere sich mehr für die Marmelade als für den Umstand, dass ich schlechte Laune habe und mich seelisch vernachlässigt fühle. Darauf erwidert sie, von so einem Leidensfall sei in der heutigen Modern-Life-Sektion der Zeitung die Rede. „Und?", frage ich kaltblütig, „was ist aus dem L-e-i-d-e-n-d-e-n (ich dehne das Wort verächtlich) geworden?" Es handle sich um den Erfinder des Wellness-Frühstücks, sagt meine Frau, indem sie zur Marmelade greift, die ich ihr lieblos reiche; er sei eines Tages beim Frühstück erstarrt; eine Art Wellness-Katatonie ... Da geht es mir gleich seelisch besser bei dem Gedanken, dass ich schlechte Laune habe. Bloß keine Wellness!

Das Morgengefühl der Herbstkartoffel

Am Morgen öffne sie sich wie eine Blüte dem Tag, sagte Aranka von Lilienkron, ein Künstlername, versteht sich. Ich hatte Arankas Lebenskunstvortrag in der Reihe *Frühaufblüher* gelauscht. Aber nur bis zur Hälfte. Oder genauer gesagt, noch nicht einmal bis zur Hälfte, denn als Aranka sagte, sie komme nun zum Ende, wusste ich aus Erfahrung, dass sie noch nicht einmal bei der Hälfte angelangt war. Ich hatte genug. Erst jüngst nämlich hatte ich mir in derselben Reihe den Vortrag eines Lebenskünstlers angehört, dessen Namen ich leider vergessen habe, obwohl mir sein Aufwachgebaren unvergesslich blieb: Beim Erwachen öffne er sich dem Leben wie eine Rose von Jericho, die mit Wasser beträufelt werde. Ich musste erst im Floristenhandbuch nachschlagen, was denn eine Rose von Jericho sei, um dahinterzukommen, dass bei uns, in den gut sortierten Blumenläden, ein verschrumpelter Kreuzblütler der Gattung Anastatica angeboten wird, welcher, in ein wenig Wasser getaucht, sein grünes Inneres offenbart. Schön, denke ich mir, das also ist die Lebenskunst des Erwachens, aber nicht meine. Müsste ich meine vegetative Morgenbefindlichkeit schildern, würde ich mich in der Botanik der Knollengewächse umschauen. Auch eine Herbstkartoffel kann schön sein! Man muss nur den rechten Blick dafür haben, oder? Das frage ich jetzt stante pede meine Frau, die mich neckt (hoffe ich jedenfalls), indem sie mir ihre Vorliebe für Frühlingskartoffeln „gesteht".

Die Morgengesundbeterin

Halloween, das war einmal. Und gerührt war ich, als ich die Kleinen umherflattern und durcheinanderplappern sah – „Süßes oder Saures!" –, besonders die Hexen in ihren Tüllkostümen und spitzen Hüten, beklebt mit allerlei Glitzertand. Und plötzlich, mitten hinein in meine Rührung über die unter nachtschattigen, frivolen Gewändern steckende Unschuld (irgendwo da drunter steckten auch meine Enkeltöchter), sagte mein Kollege, der Afrikakenner, der gerade bei uns zum Tee war, als wir unsere Zuckervorräte plünderten, um sie der kreglen Rotte vor unserer Türe auszuhändigen: „Heute werden in Afrika immer mehr Kinder als Hexenbrut misshandelt, verstümmelt und abgeschlachtet, dagegen war das Mittelalter regelrecht zahm." Mein Kollege ist ein notorischer Querdenker. Er kann nichts dafür, so ist er halt. Schön, aber seither zucke ich zusammen, wenn ich das Wort „Hexe" höre, so, wie heute Morgen im Radio: „Nicht nur in Kenia häufen sich die Hexenmorde, aus Uganda, Tansania, Mosambik, Burkina Faso, Nigeria und Südafrika kommen ähnliche Berichte." Die sanfte Stimme einer Pastorin lässt mich wissen, dass evangelikale Kirchen vor Ort den Exorzismus schüren, um Macht über die Seelen zu erlangen. Irgendwann kommt die sanfte Stimme dann noch auf den Glauben, die Hoffnung und die Liebe zu sprechen. An diesem Morgen nehme ich es der Morgengesundbeterin übel, dass sie keine Morgenverderberin sein will. Halloween, das war einmal.

An diesem Morgen habe ich kein Volk

Zuerst ist die Volksrepräsentantin dafür, dass es stimme, dass das Geldjudentum an allem schuld sei. Dann entschuldigt sich die Volksrepräsentantin dafür, dass sie dafür gewesen sei, dass es stimme, dass das Geldjudentum an allem schuld sei. Denn, so die Volksrepräsentantin, sie selbst habe jüdische Freunde. Das ist gut und schön, lässt der Generalsekretär jener Partei des Volkes verlauten, der die Volksrepräsentantin angehört, aber wenn es stimme, dass sie dafür gewesen sei, dass es stimme, dass das Geldjudentum an allem schuld sei, dann habe sie fortan keinen Platz mehr in der Partei des Volkes. Auf die Nachfrage im Morgenjournal unseres Staatsfunks, ob es nicht etwa zur Brauchtumspflege jener Partei des Volkes gehöre, dafür zu sein, dass es stimme, dass das Geldjudentum an allem schuld sei, um anschließend zu dementieren, dass man jemals dafür gewesen sei, dass es stimme, dass das Geldjudentum an allem schuld sei, belehrt der Generalsekretär des Volkes staatsmännisch den Staatsfunk: Zwar sei man niemals dafür gewesen, dass es stimme, dass das Geldjudentum an allem schuld sei, doch lasse man sich nie und nimmer vorschreiben, wofür man als demnächst hundertprozentig stärkste Stimme des Volkes im Lande sein dürfe. *Vox populi, vox Dei*, das möge sich der Staatsfunk erst einmal *ausdeutschen* lassen! An diesem Morgen habe ich kein Volk. Das verschafft mir das angenehm eitle Gefühl, ein regelrecht intelligenter Mensch zu sein.

Nachtrag: Die Volksrepräsentantin wurde aus ihrer Partei ausgeschlossen mit der Begründung, sie habe eine rote Linie überschritten. Ich glaube, diese rote Linie zu kennen. Es handelt sich dabei um die Lieblingsrotelinie *ihrer Partei.*

Es gibt was Bessers

Liebe A., ich wollte mit meiner Antwort warten, bis mir was Tröstliches zu Deiner Frage einfällt: „Vielleicht werde ich mir rückblickend Vorwürfe machen, so eine Durchschnittsexistenz geführt zu haben?" Nun habe ich alle möglichen Ruminationen zum Thema „Herbst des Lebens" und „Tod" gelesen, auch die von unserem Erotikschwärmer Wolf Wondratschek, der früher eine Kultdomina besang und jüngst aber in einer Kirche sprach, übers In-der-Kirche-Sitzen, bevor man „das Bankl reißt". Und da kam mir dann auch noch die Weltweisheit des Heimito von Doderer in den Sinn: „Ein Mensch ist weg wie nix." Gestern war ich auf dem Friedhof, das beruhigt: Blumen hinstellen, Kerzen anzünden, Blätter vom Grabstein klauben. Am Ende, nach hoffentlich kurzem Gezappel, ist man jedenfalls weg – wie nix. Darin liegt nun, im Morgengrauen nach einer unruhig durchschlafenen Nacht, etwas Tröstliches. „Wie nix" bedeutet mir, in den neuen Tag hinein, quasi augenzwinkernd: *„wie* nix, aber nicht *nur* nix". Das ist, wenn man sich ein Leben lang anständig mühte, immerhin etwas, nicht wahr? Ich schau also im Morgengrauen aus dem Fenster, wo auf der Fensterbank meine Winterorchideen zur Blüte rüsten; ich schau mit den Augen der Sternseherin Lise des Matthias Claudius: „Es gibt was Bessers in der Welt als all ihr Schmerz und Lust." Durchs Fenster sehe ich die Klosterkirche gegenüber. Eben. Es gibt was Bessers in der Welt: *wie nix, aber nicht nur nix.* Bis bald, Dein P.

Dem Weltall eingemischt

Heute sehnen wir uns nach Göttern, deren Wiederkehr auf sich warten lässt. Sie sind Symbole einer entschwundenen Daseinstiefe und Vitalität, während das Mediengeschäft mit den Zombies boomt. Fasziniert uns der Kampf gegen die lebenden Toten deshalb, weil wir uns darin selbst bespiegeln und unsere eigene Lage erkennen? „Alles ist voller Götter", soll Thales von Milet gesagt haben. Wir entnehmen dem Aphorismus ein Bekenntnis zum Ganzen als Schöpfung. Vorbei die Zeit, da man der Meinung sein konnte, der Mensch werde sich an die Sinnlosigkeit und Wertirrationalität des Weltlaufs anpassen. Mag sein, dass alles Leben bloß Chemie ist. Aber ohne Seele gibt es keine Lebendigkeit. Symptomatisch kreisen unsere Sehnsuchtsfantasien um Begriffe, die wir, unter dem Vorzeichen von Aufklärung und Dekonstruktion, dem Mythos übereignet hatten: Gott, Schöpfung, Seele. Unsere Dunkelheit – so die Hoffnung – möge sich nicht ins Gewaltextrem eines Lebendigkeitsterrors verkehren. Wir suchen nach den Göttern des Thales, nach dem „Seelischen", das „dem Weltall eingemischt" ist, um unserer eigenen Zombieapokalypse zu entkommen … Soweit meine Frühlektüre im Nachgrauen der Nacht. Das Buch: *Von Göttern und Zombies*. Der Autor: ich. Wo ist sie geblieben, meine Sehnsucht nach Lebendigkeit? Um meiner höchstpersönlichen Zombieapokalypse zu entkommen, fülle ich den Filter der Kaffeemaschine randvoll. Gleich wird's duften, und wie! Und das wird dann das Seelische meines Morgens sein, dem Weltall eingemischt.

EINGEMISCHTES NIX-SEIN INS SEELEN-ALL

Manchmal, nachts, geraten die Dinge durcheinander. Dass der sterbliche Mensch plötzlich weg sei „wie nix", dieses Diktum des Heimito von Doderer erschien mir ebenso als unumstößliche Wahrheit wie jener Rätselspruch aus der Tiefe der Zeiten, wonach dem Weltall Seelisches „eingemischt" wäre. Daraus folgt laut Thales von Milet, dass alles voll von Göttern sei. Na bitte! Eines Tages werde ich weg sein „wie nix", ruck-zuck, ohne eine bleibende Spur im Gedächtnis der Menschheit zu hinterlassen. Aber was wäre daran schlimm, wenn doch alles voll von Göttern ist? Gewiss, mein Körper, der jetzt lebt, wird dann tot sein und im Übrigen bald schon vollständig aufgelöst. Und was, so meine Traumfrage, bliebe dann noch übrig von mir? – außer eben, so meine Traumgewissheit, dass etwas unverbrüchlich bleibt, weil, laut Thales, Seelisches dem Weltall eingemischt ist. Weg sein wie nix hat an sich, so meine Traumfolgerung, dass man erst sein eigenes Nix-Sein sein muss, um des ewigen Gewahr-Seins teilhaftig zu werden. Man geht ein unter die Götter, von denen alles voll ist. Ja, alles ist voll von ihnen, nur nicht diese unsere gottverlassene Welt. Mit einem Ruck werde ich wach, jetzt regiert die Götterlosigkeit, das ist der Teufel, und alles ist voll von seinen diabolischen Maskeraden! Schweißgebadet springe ich mit dem falschen Fuß aus dem Bett. Und doch, und doch: Etwas hat mich tief berührt in meinem Traum vom eingemischten Nix-Sein ins Seelen-All. Ich wag's kaum auszusprechen: Göttliches?

Das Todtotsagungskomitee

Heute Nacht waren wir in einer Runde versammelt, so ähnlich wie die Ritter um die Artustafel, nur halt lauter Tote, mir liebe – bloß einer war dabei, der mich zeitlebens genervt hatte. Na schön, ich kam mir vor wie einer von denen: ein „Dahingeschiedener". In dieser entschieden jenseitsweltlichen Runde war aber nichts zu spüren von der Morbidität, die derlei Ansammlungen in morbiden Gespenstererzählungen, Gruselfilmen und dergleichen Artefakten als Gütesiegel anhaftet. Nein, wir waren in einem heftigen Diskurs befangen, der davon handelte, wie wir den Tod ignorieren könnten, der uns doch bereits ereilt hatte. Ein Vorschlag machte die Runde, der als zu zaghaft empfunden wurde: Wir könnten ja so tun, als ob wir noch unter den Lebenden weilten, oder wie der Wiener zu sagen pflegt: „No net amoi ignorian!" Allgemein wurde der kontrafaktische Charakter dieses Vorschlags kritisiert. *So tun, als ob* – darin läge bereits ein Eingeständnis, nicht wahr? Schließlich machte der, der mich zeitlebens genervt hatte, den stupenden Vorschlag, wir sollten den Tod unsererseits totsagen. Dieser Vorschlag wurde allgemein akklamiert, und schon hatte sich die Runde als Todtotsagungskomitee konstituiert. Aufwachend ging mir der Gemeinspruch durch den Kopf, wonach Totgesagte länger leben – eine Einsicht, die mich, soeben von den Toten zurückgekehrt, aufstöhnen ließ. Meine Frau neben mir drehte sich schlafend von einer Seite auf die andere, wobei sie mich durchaus liebevoll fragte: „Lebst noch?"

Das zerbrechlichste Gefühl

Zunächst, in der Nacht, das Gefühl absoluter Verlassenheit. Alle haben sich von mir abgewandt. Nein, das reicht noch nicht. Wenn sich alle von dir abgewandt haben, kannst du versuchen, einen Menschen, den dir nächsten, dringlichsten, wieder für dich zu gewinnen. Das Gefühl absoluter Verlassenheit hingegen hat eine andere, schärfere Tönung. Dich hüllt die unumstößliche, bedingungslose Gewissheit ein, dass man dich endgültig vergessen hat. Aus den Augen, aus dem Sinn. Man wird nie mehr nach dir suchen, denn es hat dich nie gegeben. Wie vielen, in Sterbezimmern, auf Schlachtfeldern, in der Wildnis oder mitten unter Millionen anderer, wurde dieses Schicksal zuteil! Dafür hatte selbst die griechische Tragödie nur vorläufige Worte. Ist es unsere Zeit, ist es der götterlose Himmel, ist es die längst blinde, taubstumme Gaia, die uns solche Träume träumen lässt? Auf die Frage „Was ist Erlösung?" antworte ich nach solch einer Nacht ohne Zögern: das Aufwachen, hinein in den Tag; hin zu den traulichen Dingen, den kleinen Liturgien des Morgens. Frühstück für meine mir – wie ich mir schmeichle – liebevoll zugetane Hausgemeinschaft bereiten, die Orchideen auf dem Fensterbrett meiner Frühstücksecke begießen. Derart nehme ich die Witterung eines anderen Gefühls auf: des Gefühls absoluter Geborgenheit. Die Häuslichkeit – Stifters Nachsommerglanz – bringt mich jenem Gefühl am nächsten: Häuslichkeitsgeborgenheit. Und dabei ist gerade sie am zerbrechlichsten.

Das Neue Jerusalem, jetzt

In der Abenddämmerung habe ich lange den spielenden Kindern im Hof zugeschaut. Auf den Blättern rund um die Bank, auf der ich saß, lag der Schein der Sonne, die gerade unterging. War es irgendwie unrecht, hier zu verweilen ohne einen anderen Gedanken als den, dass das hier, jetzt, richtig und schön sei. Der Zweifel an meiner wunschlosen Versonnenheit im Anblick der selbstvergessen spielenden Kinder im Glanz der bunten Blätter am Abend dieses Frühwintertages begleitete mich in den Schlaf. Aber mein Zweifel, mochte er auch berechtigt sein, hatte doch etwas von einem Vorzeigezweifel an sich. Heute dann, beim morgendlichen Herumkramen in meiner Wohnung (nebenbei aus dem Radio Barockmusik, Börsenkursberichte und Bad News), erinnere ich mich an den Zweifel von gestern als an etwas Abgetanes. Der stille Nachklang der in der Dämmerung spielenden Kinder scheint mir hingegen zu bedeuten: Jenseits aller Schrecken, aller moralischen Skrupel gibt es ein Reich der Schönheit, worin erst der wahre Friede spürbar wird – der Friede, den es nicht gab, nicht gibt und niemals geben wird. Deshalb warten die gequälten Seelen rund um den Erdball auf das Neue Jerusalem. Auch ich warte. Das Neue Jerusalem hat hier, im Zuhause, welches das meine ist, seine fernen und nahen, immerinnigen Gesandten: die zeitvergessen spielenden Kinder im Hof, die im letzten Licht des warmen Frühwinters aufleuchtenden Blätter, der helle Anblick meiner ersten und letzten Liebe an der Schwelle zum Tag. Auch das ist schön und richtig, ohne Vorbehalt, jetzt.

Die Kunst des „Nicht gleich"

Gerade hatte mich die Lebenskunstmarginalie des Chefs eines kleinen feinen Literaturverlags – dort war eine stattliche Anzahl der Werke von Peter Handke erschienen – in innere Turbulenzen gestürzt: „Man muss sich ja nicht gleich einer *vita comtemplativa* hingeben und sich im Herbst vor einen Baum setzen und warten, bis das erste Blatt fällt, dann das zweite, dann man selbst." Was sollte ich mit diesem Ratschlag anfangen? Sollte ich mich unter einen Baum setzen und warten – oder sollte ich nicht? Und wenn ich mich „nicht gleich" unter einen Baum setzen musste, um mich einer *vita contemplativa* hinzugeben, musste ich mich dann überhaupt jemals einer hingeben? Es gibt Ratschläge, die uns wissen lassen, wie wir leben sollen, indem sie uns gleichzeitig wissen lassen, dass wir so nicht zu leben brauchen. Überhaupt scheint die Lebenskunst darin zu bestehen, guten Ratschlägen zu folgen, die, indem sie ausgesprochen werden, ihrer eigenen Unverbindlichkeit huldigen: „Nicht gleich." Handkes Ernsthaftigkeit eingedenk, beschloss ich, mich heute stur-kontemplativ unter den größten Baum im Hof meines Hauses zu setzen. Zwar trägt dieser Baum, soweit mir durchs Fenster erkennbar, nur noch ein einziges Blatt; und außerdem ist über Nacht der Frost eingebrochen ... Schon eine Viertelstunde später habe ich mich, in Filzpantoffeln beim Frühstückstisch, eines Besseren besonnen: Ich muss ja *nicht gleich* darauf warten, bis das letzte Blatt fällt – und dann ich selbst, oder?

Was es braucht, um eine Seele zu haben

Nach dem Belcanto-Abend war an Schlaf zunächst gar nicht zu denken. Nichts kann den Menschen so sicher machen, dass er eine Seele hat, wie der Klang einer Stimme, die vom Himmel her auf uns gekommen scheint. Und ist sie es denn nicht, die Stimme der Diva assoluta? Eine dumme Frage, es könnte auch die Stimme einer Laienchorsängerin auf einer Provinzkirchenempore sein. Du wirst bei hellen, überhellen Sinnen emporgehoben und fortgetragen, von der Schönheit weggenommen aus dem Tal der Tränen und des Todes. Du kennst die Texte, die Arienverse, an denen der Gesang erblüht. Was dir unfasslich bleibt, ist die Sprache der Schönheit. Sie ist das Mysterium der Seele: Du bist bloß noch Enthusiasmus, ein Gefäß des Absoluten. Es währt nur wenige Augenblicke. *Videmus nunc per speculum in enigmate ...* So klingt es aus der Tiefe der Zeiten. Doch darin wirkt das Äon der Zeitlosigkeit fort: das verlorene Paradies. Und war der Verlust nicht der Beginn des Belcantos, des Stimmenklangs vom Himmel her? Am Schluss gab es stehende Ovationen für die Diva, da habe ich mich davongeschlichen. Ich wollte den Abend im Nachklang des Paradieses beschließen, der sich draußen, unterm Lärm der Nachtschwärmer, rasch verlor, um dann, während des Schlafes, in mein Morgengrauen hineinzuwirken: als Glanz, der auf den Dingen des frühen Tages liegt, der Kaffeetasse, dem Frühstücksbrötchen, dem Marmeladeglas. Der Glanz wird rasch verblassen, mehr ist nicht möglich. Und mehr braucht es nicht, um eine Seele zu haben.

Der Sisyphos des Geschirrspülers

Wir neigen dazu, den großen griechischen Mythos auf Seufzer herabzuwürdigen, die en passant die kleinen Beschwernisse und Ödlagen unseres Wohllebens begleiten. Entweder ich räume abends, vorm Schlafengehen, den Geschirrspüler noch aus und ein, oder ich räume den Geschirrspüler morgens aus und ein. Aus- und eingeräumt muss jedenfalls werden! Das hört nie auf, solange das Gerät hält, und wenn es endlich – wie man gedankenlos sagt – „den Geist aufgibt", dann wird es schnellstens durch ein neues ersetzt, und die Plackerei geht von vorne los. Heute Morgen, als es wieder einmal so weit ist – Ausräumen-Einräumen –, bin ich, in mich hineinseufzend, gleich mit dem Mythos vom Sisyphos zur Hand. Und dann fällt mir auch noch der an den Berg gekettete Prometheus ein, der, weil er den Menschen das Feuer brachte (was auf mich in keiner wie immer gearteten Weise zutrifft), die Qual eines Adlers erdulden muss, der ihm die Leber wegfrisst, bloß, damit diese ihm nachwachse und die Qual nicht ende. Es ist eine Schande, eine unverzeihliche Abflachung unserer kulturellen Tiefe, was unsere kollektive Gedankenlosigkeit aus den menschheitsbewegenden Bildern des tragischen Geistes der Antike alles gemacht hat. Und dabei bin ich aber ganz froh, dass ich nicht endlos einen Felsbrocken den Berg hinaufrollen oder mir ein Stück Leber herausfressen lassen muss. Mein Morgen mag daher flach sein, meine Seele hingegen ist – ich gesteh's – beim Einfüllen des Glanzspülers recht heiter.

MEIN VERHAUSSCHWEINTER INNERER SCHWEINEHUND

Schon wieder, lese ich in der Morgenzeitung, ist ein berühmter Liebhaber der Weisheit gestorben. Meine erste Reaktion würde mich beschämen, könnte ich mich vor mir selbst nicht damit rechtfertigen, dass es erst 6 Uhr ist – die Zeit, in der mein Unterbewusstes, vulgo innerer Schweinehund, noch zögert, in seinen Seelenzwinger zurückzukriechen. Ich denke mir also: „Das hat er jetzt davon; er ist tot und ich lebe, ha!" Natürlich nimmt mein Unterbewusstsein dem „Kollegen" übel, dass er berühmt war und ich, falls überhaupt, bloß lokale Bekanntheit genieße. Hinzu kommt, dass ich bereits jenes Alter erreicht habe, in dem die widerlichste aller menschlichen Untugenden immer öfter von mir Besitz ergreift: der Triumph des Überlebenden. Mein Unterbewusstes ist eben ein innerer Schweinehund. Und so zwingt es mich, jetzt gleich das Trostloseste zu denken, was sich ein Philosoph denken mag: Warum widmete ich mein ganzes Leben der *philosophia*, wenn nicht deshalb, um mich meiner Unsterblichkeit zu versichern ...? Doch die Philosophie macht nicht unsterblich. Das ist nun zugleich der Moment – es ist 6 Uhr 15 –, wo mein Unterbewusstes in seinen Zwinger zurückkriecht. Denn weil ich durch meine Liebe zur Weisheit – *philosophia forever* – offenbar weise geworden bin, ist mein innerer Schweinehund zuinnerst verhausschweint: Er bellt grunzend, ferkelt kläffend, aber er beißt nicht. Meistens. Verhausschweinung, immerhin auch eine Tugend – dies gegen Konrad Lorenz gesprochen –, und gar keine geringe!

Das Ich als Kinderschreck

Ich ließ das Paket über Nacht liegen. Ich wusste, was drinnen war: ein Buch, mir zur Besprechung und Erbauung von einem befreundeten Redakteur zugesandt. Vorfreude auf die Lektüre. Ich öffne das Paket beim Frühstück, um den Tag erbaulich zu beginnen. Doch als ich das Buch aus dem Karton ziehe, lese ich, dass es sich um eine Philosophie des Geistes „für das 21. Jahrhundert" handelt. Da ich mit dem 21. Jahrhundert möglichst wenig zu schaffen haben möchte, wende ich mich ernüchtert dem Titel zu. Und was lese ich da? *Ich ist nicht Gehirn.* Im ersten Moment denke ich, vor mir liegt das Schreiberzeugnis eines No-native-Speakers, der, um Worte ringend, mit dem Deutschen ringt. Aber nein! Das Buch stammt von Markus Gabriel, einem jener hippen Zeitgeistphilosophen, die ihre Jahrhunderttauglichkeit beweisen, indem sie sich des Quentin-Tarantino-Effekts bedienen. Man erinnert sich schmunzelnd an die Falschschreibung des Films über die ruhmlosen Kerle: *Inglourious Basterds.* Spaßeshalber wende ich mich meiner fünfjährigen Enkeltochter E. zu, die gerade im Marmeladeglas herumstochert, um ihr Brötchen zu bekleckern (und das Tischtuch rundherum). Ich spiele Doktor Kinderschreck, der eine Kinderschreckdiagnose stellt: „Ich ist nicht Gehirn, huhhh…" Worauf E. zu kleckern aufhört und zu weinen beginnt. Meine Frau wirft mir einen Blick zu, der mich erröten lässt. *Ich ist nicht Gehirn* taugt höchstens als Kinderschreck – aber, bitte schön, daran bin nicht ich schuld.

MEIN 21. JAHRHUNDERT

Wie bin ich bloß ins 21. Jahrhundert gelangt? Wilhelm Busch hätte natürlich auch darauf eine Antwort: *Es eilt die Zeit, wir eilen mit.* Doch der unsterbliche Schöpfer der Knopp-Trilogie hat nicht recht, jedenfalls nicht, was mich betrifft. Die Zeit mag eilen, wie sie will, ich sehe mich außerstande, da mitzueilen. Jeden Morgen fühle ich, wie ich ein Stück weiter hinten bleibe: begriffsstutzig, geistesabwesend. Mein Computer macht Ding-Dong, um mir News zu liefern, mein Handy bläst mir den Bugle-Call, um mir News zu liefern, und draußen vor meiner Tür klatscht es auch schon: Meine beiden Zeitungen, deren Redaktionsschluss praktisch mit ihrem Auslieferungstermin zusammenfällt, sind mit druckfrischen News angeliefert worden. Das ist nicht mein Jahrhundert: Ding-Dongs, Bugle-Calls, News-Geklatsche. Was tun? Ich lege mich wieder zu meiner Frau ins Bett, die intelligent genug ist, nicht bereits zu nachtschlafender Zeit mit der Zeit eilen zu wollen. Da liege ich nun, die Bettdecke über der Nase, und warte darauf, dass die Zeit vergeht. Und siehe: Sie vergeht, und mir soll's recht sein. Ich lausche dem ruhigen, mich beruhigenden Atmen neben mir. Und so wird das 21. Jahrhundert doch noch zu meinem Jahrhundert, in dem ich aufstehen und den Frühstückstisch decken werde, während die Orchideen auf dem Fensterbrett der Frühstücksecke ihre winterlichen Rispen austreiben, wie sie es schon immer getan haben.

Der Solidaritätsolympionike

Draußen, im Stiegenhaus, steht einer reglos und schweigt. Es ist mein Nachbar. Als ich die Morgenzeitungen hereinhole, sage ich: „Guten Morgen!" Ich werde keine Antwort erhalten. Vor Tagen schon hat er, noch bevor ganz Europa eine Schweigeminute wegen der Opfer des jüngsten Terroranschlags abhalten konnte, durch einen Zettel auf der Eingangstüre unseres Hauses – „An die Mittrauernden!" – bekanntgegeben, dass er eine Schweigedemonstration abhalten werde, vor seiner eigenen Wohnung, denn jeden könne es überall treffen. Da steht er also nun, mein Nachbar, im Morgendunkel. Was soll ich tun? Ja, jawohl, scheint mir seine Geste zu bedeuten, ich solle mich neben ihn hinstellen, „aus Solidarität". Er will mich, das ganze Haus – im Grunde die ganze Welt – verpflichten, mit ihm zu trauern. Gleichzeitig ist es sein unbeugsamer Stolz, als ein einsam Hochaufgereckter dazustehen, nichts und niemandem weichend, als sein Einziger gegen die Solidaritätsschwäche aller anderen. Was soll ich tun? Ich richte ihm auf einem Tablett ein kräftigendes Frühstück, das er, vor ihm duftend, nicht zu sich nimmt. Er lässt es, „aus Solidarität mit den Opfern", kaltwerden. Sein Mitgefühl ist Mitgefühlsehrgeiz. Und dabei ist er blind geworden für jede kleine Geste des Mitgefühls, zum Beispiel meine Frühstücksgabe. Er ist mir herzlich zuwider, während mich eine menschliche Regung davor bewahrt, ihn, den Solidaritätsolympioniken, aus Solidaritätsschwäche zu ignorieren.

Am ewigblauen Strand von Malibu

Morgengraue Erinnerung an die gute alte Zeit! Auch meine Kinder sind mit dem Jingle-Texter Charlie Harper und seiner Wohngemeinschaft im Haus am ewigblauen Strand von Malibu großgeworden. Wir haben zusammen gelacht bei den amourösen Abenteuern Charlies und seines tollpatschigen Bruders, der, ein Geizhals durch und durch, stets Schwierigkeiten hatte, „zum Stich zu kommen". Nun hat sich, wie ich heute aus der „People"-Ecke meiner Zeitung erfahre, Charlie im US-Morgen-TV geoutet. HIV, positiv. Aber war das noch Charlie, der da bekanntgab, er habe in der sogenannten Realität bereits zehn Millionen Dollar an Erpressungsgeldern an eine Prostituierte berappt? Da saß zwar einer, der aussah wie der Charlie aus *Two and a Half Man*, doch er wirkte, als ob er sein eigener Wiedergänger wäre. Und war er's denn nicht? Uns Fans deprimierte – jawohl, deprimierte – das Bild eines Mannes gleichen Namens aus dem Schattenreich jenseits des quirligen Erotikkunterbunts in den Wohlfühlkulissen von Charlies Haus. Soll man, angesichts des weltweiten Terrors, Hungers, Klimawandels, gescheit tun und medienkritisch anmerken, dass sich die Realität heutzutage schwer tue, *real* zu werden? Was mich betrifft, so finde ich derlei Fragen abgeschmackt. Denn es sind Ewigkeitsgestalten wie Charlie, Alan, Rose, Jake und Berta (ach, Berta!), die uns angesichts der HIV-News beim Frühstück Hoffnung geben: Möge die Realität nur ein Schatten sein, hinter dem sich der ewigblaue Strand von Malibu endlos erstreckt!

AUSNAHMEZUSTAND MIT MONDLICHT

Über Brüssel wurde der Ausnahmezustand verhängt; in Paris wurde der Ausnahmezustand verlängert. Weitere Ausnahmezustände werden folgen. Das könnte zur Ausnahmeroutine werden. Schon gibt es in meinem Bekanntenkreis existenzialistisch Gestimmte, die aus den Blutbädern, von denen Europa heimgesucht wird, subversive Metaphern schmieden. Ist denn, so fragen sie, nicht das ganze Leben, notabene das Leben im tiefen Frieden, ein äußerst selten anzutreffender, regelrecht unnatürlicher Ausnahmezustand? Daraus folgern sie, dass „das Normale" eigentlich der Tod sei. Normal sei das Leblose, Anorganische, das – wie die poetisch Angehauchten unter ihnen raunen – „Glitzern der Kristalle im Mondlicht". Und sie merken gar nicht, denke ich mir jetzt, während ich aus dem Fenster schaue, wie sehr sie den Tod fürchten, indem sie ihm schmeicheln. Dabei pulsiert das „Glitzern der Kristalle", zumal „im Mondlicht", vor mehr Sehnsucht nach dem Leben als so manch grell erleuchtete Großstadtmeile bei Nacht. Ein Blick aus dem Fenster genügt: Der Ausnahmezustand ist nicht der Normalzustand, und der Tod ist nicht das Leben. Draußen wird es langsam hell. Die Umrisse der Bäume treten aus den Nachtschatten hervor. Ihre Äste haben sich, wie stets um diese Jahreszeit, fast vollständig entlaubt. Kalligrafie des Spätherbstes. Das ist normal, mitten im Ausnahmezustand. Der Kreislauf der Jahreszeiten auf dem Ausnahmeplaneten Erde im Ausnahmekontinent Europa: Das ist normal, und schön ist es auch.

Kein Untergang vor dem Frühstück

Ein Gespenst geht um in Europa. Seit Oswald Spengler ist ein Teil der intellektuellen Klasse, trotz gegenteiliger Lippenbekenntnisse, ohnehin davon überzeugt, dass das Abendland untergeht. Es ist alt geworden, müde. Es ist sich selbst überdrüssig. Dieses ganze Riesentheater, wonach unsere Bestimmung in der Freiheit, der Demokratie, gar dem kollektiven Glück läge – war das, der Aufgeklärten-Zirkus samt und sonders, nicht bereits Symptom eines unaufhaltsamen Niedergangs? Hatten wir uns nicht schon längst von unseren Blut-und-Boden-Wurzeln entfremdet? Von unserem Eingesockeltsein ins Erdige und unserem Geruchssinn fürs Göttliche? Jawohl, wir haben uns, zerbrechlich und substanzlos, vor dem Absoluten in die Gespinste unserer Menschlichkeit geflüchtet. Unser Zustand war *der Ausnahmezustand*, aller vitalen Welt ein ständiges Ärgernis. Und so sehnen wir uns heimlich zurück zur Gaia, unserer Urmutter, und bewundern klammheimlich die Gotteskrieger. Ihr Ziel ist der ewige Friede des Anorganischen, den sie mit ihren Sprengstoffen, Kalaschnikows und Krummschwertern erkämpfen. Und ja, jawohl, wir sind aus dem dunklen Drang unseres Herzens dankbar dafür, dass uns endlich einer von uns selbst erlöst! – Dieses broschürte Bekenntnis, mir als Morgengabe einer Denktruppe namens *Neue Gaia* unter der Türe durchgeschoben, macht mich desperat. Denn ich möchte nicht von mir selbst erlöst werden, bevor ich gefrühstückt habe. Und ehrlich gesagt, später auch nicht.

Der Himmel im Jahr Einsteins

Er stirbt. Er weiß, dass er stirbt. Er weiß, dass er nichts weiß. Mit diesem Wissen kann er nicht sterben. Er will keinen Priester, er will einen Physiker. Vor hundert Jahren präsentierte Einstein die Allgemeine Relativitätstheorie. Und was passierte? Er, der Sterbende, versteht noch nicht einmal die Spezielle. Für ihn ist der Raum der Raum und die Zeit die Zeit. Und obwohl er begreift, dass sich früh krümmt, was ein Häkchen werden will, begreift er überhaupt nicht, wie es möglich sein soll, dass sich der Raum krümmt … Als mir diese Geschichte erzählt wurde – man rief einen Physiker, er redete allerlei dummes Zeug, bloß, um dem Sterbenden seinen letzten Wunsch zu erfüllen –, stieg in mir zuerst eine große Angst und dann eine große Erleichterung auf. 99,99 Prozent des Wissens darüber, wie die Welt funktioniert und was sie im Innersten zusammenhält, wird mir für immer verschlossen bleiben. Ich weiß nicht einmal, was es bedeutet, dass Gott existiert, der, da bin ich mir tausendprozentig sicher, trotzdem existiert. Meine Frau, die gerade die Jalousien hochzieht, sagt in den Morgendämmer hinein: „Der Schnee hängt schon vom Himmel." Das verstehe ich. Obwohl: Wie kann der Schnee vom Himmel hängen? Und was den Himmel betrifft: Er ist mir sowieso ein Mysterium. Ich werde eines nicht allzu fernen Tages als ein Unwissender mitten unter lauter Dingen sterben, die mir wundersam geblieben sind – ein Umstand, der mich erleichtert, weil er mich hoffen lässt.

Was du heute kannst besorgen ...

Irgendwann, flüstert mir mein Nachtmahr, eine gesichtslose Stimme, ins Ohr, wirst du eine Schreibmaschine geworden sein. Du wirst aufwachen mit absolut leerem Kopf; dennoch voller Gedankendrang. Nein, nicht Gedanken-*an*-drang, denn du wirst keinen einzigen Gedanken mehr haben. Aber der Zwang, etwas aufzuschreiben, niederzuschreiben, der dich auch nach Einnahme einiger Beruhigungspillen nicht loslassen wird, wird deinen Kopf mit heiß wirbelnder Luft ausfüllen. Die Folge: eine Kopfscheinschwangerschaft! Du wirst zum Computer eilen, du, ein leerlaufendes Textproduktionsmaschinchen, um „Schrift" zu gebären. Du wirst auf die Tastatur hämmern (ja, deine Finger werden nicht gleiten, sondern hämmern), und du wirst nicht merken, dass du ein Jack Torrance des Morgengrauens geworden bist. Er nistet in dir, der Wahnsinnige aus Stephen Kings *The Shining*. Indem er Blatt für Blatt abarbeitet, knallt er denselben Satz immer wieder, Tag für Tag, aufs Papier: „Was du heute kannst besorgen, das verschiebe nicht auf morgen ..."[1] Als mich mein Nachtmahr endlich losgelassen hat und ich mit meinem üblichen Morgentinnitus erwache, eile ich zuerst in die Küche und dann gleich zum Computer. Kein Zweifel, worüber ich heute schreiben werde! Während der Filterkaffee durchrinnt und die Brötchen im Rohr aufbacken, hämmere ich drauf los: „Was du heute kannst besorgen, das verschiebe nicht auf morgen ..." Danke, Nachtmahr!

---

1 Im Original heißt es bei Stephen King: „All work and no play makes Jack a dull boy."

Wie man ein Gefühl für die Realität bekommt

Während die renommierte Kunstkuratorin bei der Ausstellungseröffnung vor versammelter Kulturpresse dekretierte: „Die Realität ist relativ", eröffnete die renommierte Kinderpsychologin am Rande eines Terrorkongresses – wir leben ja in der Terror-Epoche –, wie man Kindern „die" Realität am besten erklärt. Ein Berichterstatter, der beiden Realitätsexpertinnen gelauscht hatte, wusste schließlich erst recht nicht, was er berichten sollte. Also stellte er, selbst mehrfacher Vater, sich selbst die Frage, die ihn am dringlichsten schien: „Wie wäre es möglich, den Kindern die Realität zu erklären, wenn die Realität doch relativ ist?" Da der Berichterstatter keine Ahnung hatte, wie darauf zu antworten sei, rief er mich an, den befreundeten Philosophen. Das war gestern. Wir haben eine Zeitlang geplaudert, er über seine quecksilbrigen Kinder, ich über meine reizenden Enkeltöchter E. und H. Heute Morgen lese ich seinen Bericht in der Zeitung, dem ich entnehme, dass man Kindern die Realität am besten erkläre, indem man sie ihnen nicht erkläre, denn: „Die Realität ist relativ." Ich bin besorgt, offenbar fehlt mir das Gefühl für die Realität der Nichtrealität (*et vice versa*). Zum Glück purzeln jetzt E. und H. bei der Türe herein, um mich einfache Zaubersprüche zu lehren. E., die Ältere, sagt „Simsalabim" – kenn ich! –; H., die Jüngere, plappert es ihrer Schwester begeistert nach: „Sim" und „Bim". Das stimmt mich von Herzen froh. Langsam bekomme ich wieder ein Gefühl für die Realität.

Der unglücklichste Glückliche

Er wacht auf und ist glücklich. Alles strahlt in ihm. Er hat keine Ahnung, warum. Es ist einfach so. Das macht ihn, wie er mir neulich gestand, schrecklich zu schaffen. Er leidet unter seinem Morgenglück, das noch dazu den ganzen Tag andauert. Mich hingegen beneidet er. Er weiß, dass mein erster Gedanke beim Erwachen dem Tod gilt; erst mein zweiter Gedanke gilt dem Frühstück, das ich machen werde, nachdem ich wieder einmal mit dem falschen Fuß aus dem Bett gestiegen sein werde. Ja, er beneidet mich wegen meines, mit Heidegger gesprochen, allmorgendlichen „Vorlaufs zum Tod", der mich eine Zeitlang, angefüllt mit Morgengrauen, stillliegen und starr sein lässt. Das ist, sagt er, angesichts unserer Existenz im Allgemeinen und des ewigen Zustands der Welt im Besonderen die richtige Haltung. So soll es sein! Morgengrauen, Mittagsgrauen, Abendgrauen! Wäre er nicht so verdammt glücklich, würde ich sagen, dass ich keinen unglücklicheren Menschen kenne als ihn. Sein Glück wird ihn noch ins Grab bringen. Ich rate ihm, da er einer meiner besten Freunde schon aus Jugendtagen ist, sich vom Psychiater einige Pillen gegen sein Glück verschreiben zu lassen. Das hat er bereits getan. Dann, sage ich, bleibt nur noch ein Priester. Bei dem war er auch schon. Es war aber, sagt meint Freund, nicht hilfreich. Denn der Priester habe ihm geraten, das Kreuz seines Glücks auf sich zu nehmen und mit ihm durchs Leben zu gehen. Als ob er das nicht Tag für Tag ohnehin täte.

Der auftrumpfend Glückliche

Notizen für meine Ethikvorlesung heute: Nichts gegen das Glück der glücklichen Schweine. Ihnen hat der große Liberale John Stuart Mill Unrecht getan, wenn er ihr Glück als „niedrig" bezeichnete, um diesem das geistige Glück des ewig unzufriedenen Sokrates gegenüberzustellen. Das Glück der Schweine, die nicht ohnehin in ihren Pferchen schreckliche Qualen leiden, ist unschuldig. Schweinisch hingegen ist das Glück des hochgeistigen Sokrates, wenn er mit seinen Jünglingen, die noch kein Bartflaum ziert, zusammenliegt. Aber sei's drum, andere Zeiten, andere Sitten, nicht wahr? Es gibt indessen das Glück des gleichsam auftrumpfend Glücklichen. Er öffnet am Morgen die Augen und denkt: Wieder ein Tag, der nicht umsonst gewesen sein wird, weil er, der Glückliche, ihn mit seiner Anwesenheit beehrt. „Einfach glücklich", das ist seine Bescheidenheitsformel angesichts des Elends rundum. Er wird sich auch weiterhin nicht lumpen lassen. Es verlängert seine drei Daueraufträge für drei karitative Organisationen, deren Namen er im Moment vergessen hat. Egal. Sein Glück trägt dazu bei, dass unsere Welt „die besten aller möglichen Welten" sei, wie Leibniz es formulierte, nicht wahr? Heute, in meiner Ethikvorlesung, werde ich den auftrumpfend Glücklichen abkanzeln. Zwar macht mich mein revanchistischer Gedanke nicht glücklich; doch er macht mir den trüben Morgen leichter, an dem ich wie immer mit dem falschen Fuß ins Leben hinein aufgestanden bin.

ADVENTREMIX DER WEISHEIT SALOMOS

Advent, Advent, ein Kerzlein brennt ... Mit diesem Kinderreim im alten Kopf bin heute aufgewacht. Was soll ich sagen, ich bin gerührt. Ich wittere wieder einmal den Vorglanz von Weihnachten – schon seit Kindertagen ergeht es mir so. Das habe ich erst neulich einem humorigen Kollegen erzählt, der mir natürlich sofort entgegenhielt, dass man einen Vorglanz nicht wittern könne. Man müsse mit ein paar Bechern Glühwein „vorglühen", um einen Vorglanz wittern zu können. Der humorige Kollege hat sich gleichermaßen auf sprachliche Stilblüten spezialisiert wie darauf, der christlichen Welt den heidnischen Charakter diverser Weihnachtsstilblüten einzubläuen. Dabei könnte ihm das alles egal sein, denn er glaubt an nichts außer an seine eigenen Witze, die er für unsterblich hält. Es sind ja immer diejenigen, von denen es in der Weisheit Salomos heißt, sie seien „wie Staub, vom Winde zerstreut", die auf den Ewigkeitsanspruch ihrer Wahrheit und nichts als ihrer Wahrheit pochen. Das geht mir heute Morgen auch noch durch den Kopf und hat zur Folge, dass sich in meine reine Rührung über das erste Kerzlein ein Moment der Scham zu mischen beginnt: Kein Zweifel, ich bin rührselig. Zum Glück kommt mir Lillifees Zauberspruch, den mir gestern meine Enkelin E. beibrachte, zu Hilfe: „Wie Staub, vom Winde zerstreut, sind mir alle Sorgen heut!" Schon bin ich meinem Kollegen weniger gram, und gegen Lillifees Remix der Weisheit Salomos ist gar nichts einzuwenden. Gar nichts.

Verlegthaben und Nichtfindenkönnen

Volles Haus heute Morgen. Meine Enkeltöchter E. und H. haben bei uns übernachtet. Sie sind ausgesprochene Morgenmenschen, und der ausgesprochene Morgenmensch spricht sich schon am Morgen munter aus. Und worüber sprechen sich E. und H. heute aus? Darüber, dass sie etwas suchen. Nicht etwas, sondern dies und das und eigentlich alles, was sie gestern irgendwo hingelegt und dann verlegt und dann aber vergessen haben, wohin sie's verlegten. Während ich meine Kreise zwischen Wohnzimmer und Frühstücksecke ziehe, auf meinen gewohnten Frühstückszubereitungspfaden, wimmeln meine beiden Enkeltöchter (ja, es sind zwar nur zwei, aber wimmeln tun sie trotzdem) um mich und rund um mich herum. Durch den Einsatz der angeborenen Überlebensstrategie ständiger Stimmfühlung lassen mich E. und H., indem ihre Laune sich ziehharmonikaförmig quietschend verschlechtert und wieder hochschnellt, fortlaufend plappernd wissen, wo sich was an diesem Morgen alles nicht befindet, während sich dies und jenes finden lässt, was keiner braucht, sinnlos herumliegt und bloß den Weg des erst Aufzufindenden versperrt. Bei all dem Treiben, das mir den Restschlaf aus den osteoporotischen Knochen scheucht, werde ich buchstäblich philosophisch: Ist nicht das ganze Leben ein Verlegthaben und Nichtfindenkönnen? Und wäre das Finden all des Verlegten nicht der Tod? Man muss gewisse Fragen nur stellen, um die Dinge in einem neuen Licht zu sehen.

Der Sinn des Lebens, neu zusammengefasst

Ich bin ein Morgenleser. Aber kein Zeitungsmorgenleser. Morgens brauche ich ein Buch, das mir Zuversicht gibt für den aufdämmernden Tag. Bloß keine News! Obwohl ich's nicht will, äuge ich ab und zu über den Tisch, zu meiner Frau hin, die gerade in der Zeitung stöbert. Ja, sie stöbert in der Zeitung wie in einem Geschenkeladen, aus dem man sich die Schnäppchen des Tages herausklauben kann. Und kann man es denn nicht? Ehrlich gesagt, ich bin ein wenig neidisch. Ist denn die Welt, dargeboten auf raschelndem, nach Druckerschwärze riechendem Papier (bloß keine geruchslose Elektronik in aller Herrgottsfrühe!) – ist, so frage ich mich jetzt, da mir mein Morgenbuch vorkommt, als hätte ich es bereits zu Tode gelesen, die morgenbunte Zeitungswelt nicht eben dies: ein Schnäppchenladen, aus dem uns immer wieder quirlige Existenzdesaster, brandneue Skandale und extrafrische Katastrophen, vor denen wir beim Frühstückstisch glücklich verschont bleiben, entgegenpurzeln? Ich reiche das Buch, das mir nichts zu sagen hat, was mir nicht tausend andere Bücher schon gesagt hätten, über den Tisch und frage meine Frau: „Tauschen wir?" Woraufhin meine Frau den Titel des ihr angetragenen Druckwerks taxiert – *Der Sinn des Lebens, neu zusammengefasst* –, bloß, um zu erwidern: „Kenn ich schon." Darauf ich: „Das Buch?" Darauf sie: „Den Sinn des Lebens." Das reicht mir, das Buch ist erledigt. Ich gehe und hole die Zeitung von vorgestern. Bloß keine News am Morgen!

Im Trockenen gegen den Strom

Habe geträumt, ich müsste gegen den Strom schwimmen. Das war ein Albtraum, obwohl es in meiner Branche einfach dazugehört, *nicht* mit dem Strom zu schwimmen. Bloß nicht! Kaum wirst du von irgendjemandem als „Intellektueller" oder gar „Querdenker" tituliert, schon hast du die kategorische Pflicht, wenigstens ab und zu *gegen* den Strom zu schwimmen, widrigenfalls dir schmählicher Achtungsentzug droht. Heute also träumte ich, ich säße an einem Flussbett, mit ausgezogenen Schuhen (unangenehm wegen meiner chronisch kalten Füße) und sei entschlossen, gegen den Strom zu schwimmen. Mit dem Strom zu schwimmen, ist im Traum ohnehin kein gutes Zeichen, vor allem nicht, wenn schon der Morgen graut. Wer im Traum mit dem Strom schwimmt, begibt sich in Gefahr, ein inneres Erleichterungsgefühl zu provozieren, das rechtens nur auftreten sollte, wenn der dringende Weg zum Klosett bereits hurtig beschritten wurde. Nun saß ich kaltfüßig am Ufer eines Flusses im Irgendwo. Und mein höchstpersönlicher Traumschrecken bestand darin, dass der Fluss kein Wasser führte. Gar keines. Das Flussbett war staubtrocken, da und dort ragte eine bleiche Grätenskulptur aus dem Sand. Wie sollte ich in diesem Fluss gegen den Strom schwimmen? Die Antwort darauf stellte sich, unter beträchtlichem Harndruck, gleich nach dem Erwachen ein: Wo man nicht gegen den Strom schwimmen kann, dort kann man auch nicht mit ihm schwimmen! Dem Gang zum Klosett stand jetzt nichts mehr im Wege.

Conditio Humana meiner Nasenhaare

In meiner Ethikvorlesung kam letztens die mich irritierende Frage zur Sprache, was der Begriff „Conditio Humana" eigentlich bedeute. Eigentlich? Hm. Um Zeit zu gewinnen, ermunterte ich die Fragestellerin – eine Exzellenzstudentin, voller Eifer für alles Menschliche –, die Antwort dem vor ihr aufgeklappten Notebook zu entnehmen. Das Internet reagierte in Sekundenbruchteilen: „Als *conditio humana* bezeichnet man allgemein die Bedingung des Menschseins und die der Natur des Menschen." Aha. Das wussten die Lateinerinnen unter uns bereits. Und gab es denn hier eigentlich – ich betonte das Wort „eigentlich" – etwas zu wissen? Der Mensch ist das Wesen, dozierte ich in den Hörsaal hinein, dessen Natur darin besteht, sich über seine Natur zu erheben … Noch heute Morgen ärgere ich mich, vor dem Badezimmerspiegel hantierend, über das Kopfschütteln der Studentinnen, die definitiv wussten, dass sich der Mensch nicht über seine Natur erhebt. Ich ärgere mich anlässlich meines Versuch, mir die aus der Nase sprießenden Haare mittels der Nagelschere meiner Frau zu entfernen (ein heikles Unterfangen ohne rechte Aussicht auf Erfolg). Denn wider meine innerste philosophische Überzeugung schüttle auch ich jetzt, angesichts widerspenstiger Nasenhaare, meinen Kopf über die Vorstellung, der Mensch sei mehr als seine Natur, freilich schüttle ich ihn nur virtuell – ihn tatsächlich zu schütteln, würde bedeuten, mir blutige Schnipsel aus meiner Nase zu rupfen. Scheußlich, meine momentane menschliche Kondition.

Und was dann?

Gestern Abend, in einer geselligen Runde – es wurde kein besonderer Anlass gefeiert, man war nur zusammengekommen, um einander wieder einmal zu sehen –, da fragte plötzlich einer, und zwar derart fordernd, dass keiner einfach so tun konnte, als habe er nichts gehört: „Und was dann?" Zuerst waren wir ratlos. Wir schienen irgendetwas Wesentliches übersehen zu haben, und vermutlich nichts, worüber man einfach zur Geselligkeitstagesordnung übergehen konnte. Einer platzte mit der irgendwie gleichermaßen berechtigten wie blödsinnigen Gegenfrage heraus: „Was ‚Und was dann?'?" Da ihm keine Antwort zuteilwurde, sondern bloß allgemeines, wenn auch gepresstes Gelächter rundum kurz aufbrandete, wurde die Sache nicht weiter traktiert. Es blieb allerdings der Stachel: „Und was dann?" Die Stimmung war verdorben, obwohl es keiner zugeben wollte, besonders jener nicht, der sie mit seiner Frage verdorben hatte. Als ich heute, beim Ausräumen des Geschirrspülers – eine ungemein entspannende Tätigkeit, zumal morgens, wo es auch innerlich viel auszuräumen gilt –, versuche, meine Gedanken zu ordnen, bleibe ich in einem fort bei der Frage hängen: „Und was dann?" Ich wende mich meiner Frau zu (die gerade das verklebte Geschirr von gestern Abend vorreinigt und zusammenstapelt), um ihr mein heutiges Morgengrauen kundzutun: „Und was dann?" Worauf sie antwortet, indem sie mir einen erstaunten Blick zuwirft: „Und dann räumen wir den Geschirrspüler wieder ein."

Vom wörtlichen Aus-der-Haut-Schlüpfen

Wir haben eine Freundin, die sich andauernd beklagte: „Was soll ich tun, ich kann aus meiner Haut nicht heraus?!" Sie meinte es wortwörtlich. Möglicherweise, so dachten wir, war unsere Freundin außerstande, den Sinn geflügelter Worte zu erfassen. Immer wieder versuchte meine Frau, sie zu beruhigen: „Du solltest dich in deiner Haut wohl fühlen." Auch ich gab gerne meinen Senf dazu, indem ich die Situation durch ein Späßchen aufzulockern suchte – zum Beispiel: „Deine Haut gehört dir!" –, was natürlich das Dümmste war. Bloß kein Späßchen über ein geflügeltes Wort, das wortwörtlich genommen wird. Von unserer Freundin bekam ich zu hören, dass, wenn es stimmte, dass ihre Haut ihr gehörte, sie dann wohl das Recht habe, mit ihr zu machen, was sie wolle, oder? Auch unser wiederholter Versuch, unserer Freundin zu erklären, dass man den Satz „Ich kann aus meiner Haut nicht heraus" keinesfalls wörtlich nehmen solle, sondern bloß als Ausdruck dafür, dass man eben sei, wer man sei – und im Übrigen kein Grund, sich von Grund auf zu ändern –, wurde barsch zurückgewiesen. Unsere Freundin wollte sich nicht ändern, sie wollte bloß aus ihrer Haut heraus. Gestern, spätabends, rief sie an und verkündete, es sei ihr endlich gelungen, aus ihrer Haut zu schlüpfen. Endlich! Obwohl wir ihr sofort gratulierten, plagt meine Frau und mich heute das blanke Morgengrauen: Was, wenn unsere Freundin tatsächlich aus ihrer Haut schlüpfte, nur weil sie außerstande ist, den Sinn geflügelter Worte zu erfassen?

Grauen vor dem hautlosen Brunch

Gewisse Dinge habe ich nie getan, weil ich die Wörter verabscheue, die dazu dienen, jene Dinge zu bezeichnen. Deshalb habe ich nie gebruncht. Denn ich verabscheue das Wort „Brunch", das eines Tages unser gutes altes Wort „Frühstück" zu ersetzen begann. *Brunch* – darin spiegelte sich der Geist einer yuppielaunigen Mittelschicht, die dachte, das gute alte Frühstück sei nicht mehr gut genug. Denn das Frühstück war spätestens um 9 Uhr vorbei, weil man dann mit der Tagesarbeit beginnen musste. Das neue Aufsteiger-Credo indessen hieß: Wenn alle armen Hascher schon stundenlang vor ihren Werkbänken stehen oder an ihren Arbeitstischen sitzen, sitzt du noch immer in einem gestylten In-Lokal vor deinem Brunch. Aber heute werde ich selbst zum Brunch müssen, denn unsere Freundin, der es gelang, aus ihrer Haut zu schlüpfen, hat uns eingeladen, meine Frau und mich. Ich verbrühe mir also morgens an einem Tässchen heißen Tees meine empfindliche Morgenzunge, um meinen Magen für ein spätes, viel zu spätes Frühstück frei zu halten. Im Übrigen graut mir vor dem bevorstehenden Anblick unserer Freundin, die mit uns gemeinsam feiern will, weil es ihr endlich gelungen sei, aus ihrer Haut zu schlüpfen, um sich – wie sie hinzufügte – „neu zu erfinden". Auch so eine Aufsteigermarotte! Ich aber habe die Zwangsidee, mit fast leerem Magen unserer neuerdings hautlosen Freundin gegenüberzusitzen. Grauenhaft. Meine Frau nennt mein Morgengrauen „altmodisch" und gibt mir einen guten altmodischen Morgenkuss.

Eine Geflügelte-Worte-Ferkelei

Im Kindergarten lernen sie geflügelte Worte. Dass geflügelte Worte keine Worte mit Flügeln sind, stößt bei E., meiner älteren Enkeltochter, allerdings auf inneren Widerstand. Denn ihr Idealbild des Wirklichen wird zurzeit durch die Lillifee verkörpert, und die Lillifee hat Flügel, sonst wäre sie nicht, was sie ist. Weil ich ein alter Liebhaber der Weisheit (*philosophia*) und kein junger Kindskopf bin, erkläre ich E., dass gerade darin – nämlich keine Flügel zu haben – das Wesen geflügelter Worte liege. E. versteht nicht, was das bedeuten soll (ich übrigens auch nicht), also belehrt sie mich angesichts eines Patzens Marmelade, der gerade von ihrem Frühstücksbrötchen auf das Tischtuch tropft und dort, in den Stoff einsickernd, einen Fleck bildet, der – so ich, Meister Proper – sich erst bei neunzig Grad Waschmaschinenhauptwaschtemperatur wieder „herausbringen" lassen wird. 90 Grad! Genauso habe es ihr die Tante im Kindergarten auch erklärt, flötet E. Darauf ich, begriffsstutzig: „Wie denn?" Darauf E., ganz gelehriges Kindergartenkind der Gruppe „Sonnenschein" im letzten Kindergartenjahr: „Na, dass es pickt, wenn es liegt!" Was meine jüngere Enkeltochter H., die auch bei uns am Tisch sitzt, dazu animiert, ihr Brötchen mit der Marmeladenseite nach unten auf das Tischtuch zu drücken. Ihr Kommentar: „Pickt!" Dazu E., im Kindergartentantenton: „Weil es liegt." Mich entzückt diese Geflügelte-Worte-Ferkelei, ich spüre regelrecht, wie mir innerlich Flügel wachsen.

Keksbackliturgie

Gestern war zweiter Adventsonntag. Ich stehe vor unserem buschigen Adventkranz und betrachte die beiden violetten Kerzen, die weit heruntergebrannt bei einer Adventjause mit Tee, Krapfen und Dörrobst. Was könnten mir jetzt, an diesem grauen Arbeitsmontagmorgen, jene kleinen wächsernen Zeugen bedeuten? Dass die Welt bald stillstehen wird im Glanz des Sterns überm Stall? Ich wende mich ab, schaue aus dem Fenster, durch das wundersame Gewirr meiner Winterorchideenblüte hindurch. Geistesabwesend registriere ich die Autos, die tief unten auf der Ausfahrtsstraße jeden Tag dieselben zu sein scheinen. Nervöses Treiben, das ruckelt und zuckelt. Auch gut, oder auch nicht, egal. Ja, „geistesabwesend" ist das richtige Wort, denn der Geist ist abwesend. Zurück bleiben zerfahrene Dinge ohne inneren Zusammenhang – ohne Telos, ohne Glanz. So geht es hin und her in meinem dummen Morgenphilosophenkopf, bis ich hinter mir die Stimme meiner Frau höre, die überrascht tut, obwohl sie sich einen „Adventfahrplan" zurechtgelegt hat: „Herrjeh, nur mehr zwei Kerzen übrig, und ich muss noch ein halbes Dutzend Kekse backen: Kokoskuppeln, Windringerl, Linzer Augen, Vanillekipferl, Rumschnitten, Zimtsterne." Und schon ist er wieder da, der Geist, dank der Keksbacklitanei, nein, Keksbackliturgie meiner Frau. Kein Zweifel, die Welt wird auch heuer wieder stillstehen, im Glanz des Sterns überm Stall nach Keksen duftend, und wenn der ganze elende Globus auseinanderbricht!

Europa im Nebel

Nach frühmorgendlicher Bettflucht unterwegs im Morgennebel. Ich habe Frühstücksgebäck besorgt. Jetzt gehe ich Umwege, ziellos. Gestern begann in Rom ein Heiliges Jahr unter dem Motto „Barmherzigkeit". Das wollte ich dem Bettler neben dem Geschäft des Bäckers mitteilen, eine im Grunde sinnlose Handlung. Also bloß kein menschliches Getue, das „meinen Bettler" – ich nenne ihn mittlerweile so, er weiß es natürlich nicht – beschämen könnte. Mein Vorsatz: Als milde Gabe das gleiche Geldstück wie sonst auch! Aber mein Bettler war nicht da. Ich laufe leer, laufe herum, und weil mir dabei kalt und langweilig wird (alles monoton, die vorbeihuschenden Schatten der Morgengänger mit ihren Schattenhunden, vorbei an Silhouetten von Bäumen und allerlei Buschwerk), kriege ich eine dumme Phrase nicht aus dem Kopf, die sich da drinnen um- und umdreht: „Europa im Nebel ..." Das kommt daher, dass ich jüngst erst, beim Studium der Zeitschrift *Tumult,* eine Sottise las, sie stammte von einem meiner starrsinnig gewordenen Intellektuellenfreunde. Er schrieb, Europa möge sich gefälligst gegen die einflutenden Flüchtlinge wehren, denn die meisten von ihnen seien gesunde junge Männer, „wehrfähig", die zu Hause besser tapfer um ihr Land kämpfen sollten, statt hierherzukommen, um sich in ein für sie, die „Refugees", vermeintlich gemachtes Bett zu legen. Jetzt taucht vor mir der Schatten meines Hauses auf. Dort drinnen steht mein gemachtes Bett, das ich frühmorgens floh. Guten Morgen, Europa im Nebel!

MEINE KLEINRAUMPOLITISCHE FREUDE

Dass die Dinge, die sich unsereins denkt, nicht nur letzten Endes, sondern überhaupt – *ab ovo*, sozusagen – bedeutungslos sind, kann einem schon auf den Magen, die Seele und sonst wohin schlagen. Daran musste ich heute, beim Aufbacken meiner Frühstücksbrötchen, denken, nachdem mir mein starrsinnig gewordener Intellektuellenfreund nicht aus dem Kopf gehen wollte. Er war in seiner Jugend ein glühender Roter gewesen, dann immerhin noch ein bürokratischer Roter in hohem Ministerialamt, um schließlich – wohl, weil keiner derer, die *wirklich* Macht hatten, seinen scharfsinnigen Ausführungen über die Verkommenheit der Welt länger als fünf Minuten andächtig lauschen mochte – in eine Art geistiger Trotzstarre zu verfallen. Fortan dachte mein Freund nur noch großraumpolitisch: Weil wir Europäer uns gegen die Fremden nicht wehrten, stünden uns geopolitische Großraumverschiebungen ins Haus, die das Ideentortenbäckertum unserer „breimäuligen Talk-Show-Kultur" hinwegschmelzen würden wie die globale Erderwärmung das Packeis an den Polen. So etwas sagt er und schreibt er, doch keiner, außer dem Trüppchen altlinker Neurechter, hört auf sein brillantes Zähneknirschen. Ich eigentlich auch nicht. Und gewiss, meine kleinraumpolitische Freude darüber, dass die Frühstücksbrötchen so geworden sind, wie sie sein sollen, nämlich goldbraun und knusprig, muss großraumpolitisch als Ausdruck meiner verkitschten Frühstücksbrötchenaufbäckermentalität abstoßen. Aber freuen tut's mich trotzdem.

Simsala-wirklich-bim!

Meine Enkeltochter E. ist im Kindergarten mit dem Problem der Wirklichkeit befasst worden. Nächstes Jahr kommt sie in die Schule; heuer aber – so die Überzeugung ihrer Kindergartentante – möge ihr der kindlich-reine Glaube erhalten bleiben, dass es das Christkind *wirklich* gebe. Deshalb schrieb E. einen Brief an das Christkind, um ihn am Abend ins Fenster zu legen, damit er nachts von einem Englein geholt werde. Gerade erzählt mir E., die heute kindergartenfrei genommen hat – neuerdings „nimmt" sie sich frei, besonders an Sonn- und Feiertagen –, dass der Brief am nächsten Morgen verschwunden war. Wirklich! Und dabei tut sie, als ob ihr die Luft wegbliebe vor lauter innerem Staunen, während sie das hier allesentscheidende Wort beschwörend wiederholt: *Wirklich!* Für mich klingt's, sage ich augenzwinkernd, als ob es sich um einen Zauberspruch der Lillifee handelte: „Simsala-wirklich-bim!" Lillifees Zaubersprüche stehen bei E. zurzeit hoch im Kurs. Deshalb kommt meine Enkelin jetzt ins Grübeln, sie stützt ihr Kinn in beide Hände, um dann, nach sekundenlanger geistiger Anstrengung, zu verkünden, es handle sich zwar nicht um einen Zauberspruch der Lillifee (die seien alle viel, viel schwieriger), doch ein Zauberspruch sei es schon, irgendwie. Damit das Christkind *wirklich* wirklich sein könne, müsse man es nämlich herbeizaubern. „Und wenn nicht?", frage ich. „Dann", sagt E., „ist es eben *nur* wirklich." Und wirklich sei bald etwas. Kein Zweifel, E. ist eine angehende Philosophin.

Mein Hummelfigurenhumanismus

Selber schuld, habe ich mir heute Morgen gedacht, als ich meine Leib-und-Magen-Mappe mit den Äußerungen meiner Lieblingsintellektuellen zur Lage Europas durchblätterte. Ich bin selber schuld! Ich hätte ja nicht hineinschauen müssen, dann würde mir jetzt mein Frühstück schmecken wie einem Waldmenschen, der nicht über seine Lieblingslichtung hinaussieht. Aber nein, der Untergang des Abendlandes, den, ich weiß nicht vor wie vielen Jahrzehnten, Oswald Spengler prophezeite (ein genialer Zähneknirscher, der von Robert Musil immerhin der „höheren" Dummheit geziehen wurde) – dieser Untergang ist nun, so sagen meine Lieblingsdenkmenschen, entweder in vollem Gange oder schon vorbei. Europa ist moralisch am Ende. Europa ist tot. Europa hat es verabsäumt, sich zu wehren. Einer sagt klipp und klar, dass der dritte Weltkrieg bereits ausgebrochen sei, und ein anderer hat erst kürzlich verkündet, er sei der „letzte Deutsche" (was mir, als Österreicher, ehrlich leidtut). Kaum auszudenken, wie meine Lieblingsschwarzseher urteilen würden, falls sie wüssten, dass, wenn ich nicht gerade an Gott glaube – eher selten, doch immer öfter! –, ich an die Menschlichkeit glaube. Einige Menschen, die ich liebe, lieben sogar Hummelfiguren. Aber was soll's? Da Europa ohnehin am Ende und praktisch untergegangen ist, kann mein Existenzialkitscherantentum, ja, mein Hummelfigurenhumanismus ohnehin keinem mehr schaden. Und plötzlich schmeckt mir mein Frühstück wieder.

Old Shatterhand im wilden Kurdistan

Ach, Old Shatterhand! Früher gab es, sagt der Zeitverdruss, Indianer, heute gibt es keine, weil, gäbe es sie, wäre das politisch inkorrekt. Der Zeitverdruss trauert nicht der guten alten Zeit nach, denn auch die gute alte Zeit ist inkorrekt. Deshalb, sagt der Zeitverdruss störrisch, trauert er der schlechten alten Zeit nach. Der Zeitverdruss musste mitten im tiefsten Frieden Wort für Wort miterleben, wie seine Welt zu einem Hinterland des Erinnerns wurde, für das sich keine rechten Worte mehr finden ließen. Der Zeitverdruss lebte die längste Zeit in einer Welt – seiner Welt –, die überhaupt nur aus Worten zu bestehen schien, die samt und sonders unzulässig, weil inkorrekt waren: Ausdruck falscher Gefühle und Gedanken. Jedenfalls kommt es mir so vor, wenn ich seinen Einlassungen über dies und das zuhöre, wovon er sich laufend distanziert, während er dadurch versucht, eine Zeit heraufzubeschwören, die samt und sonders inkorrekt war. Nie habe er irgendwen beleidigen wollen, schon gar nicht Indianer oder Muselmannen. Ich habe heute vom Zeitverdruss geträumt, bloß, um schweißgebadet ins Leere hinein aufzuwachen. Kein Zweifel, es war meine Welt, die, weil Wort für Wort inkorrekt, hatte untergehen müssen. Doch meine tastende Hand zu meiner Frau hin, die noch schlief, beruhigte mich: Alles war unversehrt da, auch ich, der Zeitverdruss. Ich schlief wieder ein und ritt durchs wilde Kurdistan, mit Hadschi Halef Omar Ben Hadschi Abul Abbas Ibn Hadschi Dawuhd al Gossarah.

Es wird uns gleich wieder einfallen!

Es ist 5 Uhr 30, das Telefon klingelt, mein Altersfreund ruft mich an, um mir zu sagen, dass es ihm gleich wieder einfallen werde. Ich kann noch kaum aus den Augen schauen, geschweige denn, dass sich der Albtraumkloß in meiner Nachtkehle schon aufgelöst hätte. Es werde ihm, sagt mein Altersfreund, gleich wieder einfallen, wie der Autor – oder war's eine Autorin? – heiße, die das Buch geschrieben habe, dessen Titel uns erst kürzlich nicht gleich eingefallen sei, denn die Stadt, aus der die Autorin – oder war's doch ein Autor? – in ihrer Jugend fliehen musste, liege ihm praktisch auf der Zunge. Ich bin ein wenig brüsk, nicht, weil meinem Altersfreund seit unserem Gespräch vor zwei Wochen nichts gleich eingefallen ist, sondern weil ich meinen Albtraumkloß hinunterwürgen muss, um meiner höhlenmenschartigen Morgenstimme einen einigermaßen zivilisationsmenschlichen Tonfall zu verleihen: „Riga, Judith N. Shklar, Liberalismus der Furcht". Das sind, der Reihe nach, Stadt, Autorin und Titel des Buches. Mein Altersfreund schweigt am anderen Ende der Leitung, ich denke schon, er sei weggegangen, ohne den Hörer aufzulegen, doch ein Räuspern verrät mir seine Beschämung. Jetzt habe ich ein schlechtes Gewissen und behaupte, ich hätte nur geraten. „Dann ist es ja gut", sagt mein Freund erleichtert, es wäre ihm ohnehin gleich wieder einfallen. Und ich bin froh, trotz Kants berühmtem Verbot, aus Menschenliebe zu lügen, es aus Freundesliebe getan zu haben.

Warum man sich dranhalten muss

„Man wird ja nicht jünger." Dass man nicht jünger werde, ist ihre ständige Klage, sie schaut gerne bei uns vorbei, um über ihren jeweils neuesten Lebensmenschen zu reden. Man werde nicht jünger, deswegen müsse man sich dranhalten. Auch redet sie gerne von ihrer Menopause, die irgendwie mit einem Karriereknick zusammenhänge, der irgendwie damit zu tun habe, dass ihre Chefin eine Frau sei, die immer nur „frau" statt „man" sage. Heute habe ich sie auf meinem Weg zum Bäcker getroffen, sie war gerade aus dem Geschäft gekommen und hatte dem Bettler, der neben der Türe schon um 7 Uhr morgens ausharrt, autoritativ erklärt, dass man nicht jünger werde, weswegen man sich dranhalten müsse. Der Bettler hatte ihr freundlich nickend rechtgegeben: Ja, man werde nicht jünger. Aber, sagte sie und drückte ihm ein Geldstück in die Hand, er müsse weder mit der Menopause leben (der Bettler lächelte verbindlich), noch habe er eine Chefin, welcher er einen Karriereknick zu „verdanken" habe (der Bettler lächelte verbindlich). Als sie mich endlich sah, stürmte sie auf mich ein, um mir zu erklären, dass sie in nächster Zeit nicht mehr bei uns vorbeischauen könne, weil ihr neuester Lebensmensch es nicht gerne sehe, wenn sie außer ihm noch andere Lebensmenschen habe. Ich lächelte verbindlich, bat sie, ihrem neuesten Lebensmenschen unbekannterweise meine besten Grüße zu übermitteln, und war im Übrigen echt erleichtert, dass man sich dranhalten muss, weil man ja schließlich nicht jünger wird.

NICHTS MUSS GUT WERDEN

Früher, in meinen jüngeren Jahren, bin ich oft mit dem Gedanken aufgewacht: „Alles wird gut." Das war ein beseligender Gedanke. Und eigentlich war es weniger ein Gedanke, sondern mehr ein Gefühl. Ein Ganzkörpergefühl. Es ließ sich von dem, was man einen „seelischen Zustand" nennt, nicht recht unterscheiden. Irgendetwas Schreckliches musste passiert sein – ich hatte keine Ahnung, was es hätte sein können –, und nun war der Schrecken vorbei. Er war endgültig vorbei, und vor mir lag das gelobte Land einer neuen, unbeschmutzten Hoffnung: „Alles wird gut." Wenn ich dann hellwach war und bereit, meine Gedanken und Wünsche für den Tag zu sammeln, stellte ich ernüchtert fest, dass überhaupt nichts Schreckliches passiert war. Der gestrige Tag war zu Ende gegangen wie alle Tage, deren Resümee lautete: „Ohne besondere Vorkommnisse." Diese Ernüchterung über den fehlenden Schrecken war lange Zeit mein bildloser Morgenalbtraum gewesen, der sich bis in meinen Aufwachschlaf hineinverkrochen hatte. Heutzutage wache ich auf, ohne mich im Geringsten zu fühlen, als ob alles gut werden würde. Was geschah, lässt sich nicht ungeschehen machen. Und was geschah denn schon? Der fehlende Schrecken meines Lebens ist mir zur lieben Gewohnheit geworden: „Das war das, und mehr ist da nicht." So lautet mein Morgenmantra, welches ich vor mich hinmurmle, bevor ich noch einmal kurz einnicke: Wenn ich dann aufstehe, mit dem falschen Fuß wie jeden Morgen, fühle ich mich erfrischt. Nichts muss gut werden.

Vorm Tribunal der *Jein*-Sager

Erst neulich hatte die renommierte Kunstkuratorin (studierte Philosophin!) erklärt, dass alle Realität relativ sei. Als ich nun gegenüber jüngeren Kollegen, lauter beherzten Vätern, die Frage aufwarf, ob man Kindern die Realität erklären solle, falls es wahr sei, dass sie relativ sei, stieß ich auf Watte-Rhetorik. „Ja und nein", also *jein*. Irgendwie stimme es ja – oder nicht? –, dass irgendwie alles relativ sei. *Jein*, das war die Kompromissformel, auf die man sich, nach mancherlei „Nachfragen", schließlich zu einigen schien. In mir stieg indes eine bösartige Ungeduld mit den beherzten Vätern auf, deren Gerede ich für den erbärmlichen Ausdruck einer Erziehung zur Realitätswattierung hielt, die sich bruchlos mit einem geradezu solipsistischen Karrierewillen für den eigenen Nachwuchs paarte. Also erläuterte ich, ganz ultimatives Pokerface, den beherzten Vätern kurzerhand den Realitätssinn meiner realitätstüchtigen Enkeltöchter, die sich am Weltbild der Lillifee orientierten: „Simsalabim!" Alle lachten, aber darin schien mir keine rechte Selbsteinsicht zu stecken. Heute Nacht wurde ich dann vor das Traumtribunal der beherzten Väter gezerrt. Ich sollte meinem „kindischen" Glauben daran, dass die Realität ein Zauberkunststück sei, eine *Schöpfung* gar, abschwören. Das tat ich mit gekreuzten Fingern auf dem Rücken. Und mit gekreuzten Fingern auf dem Rücken erwachte ich – übrigens eine unbequeme Lage –, wobei ich den Traumschatten noch beherzt nachmurmelte: „Simsalabim!"

Das vollkommen Offensichtliche

Und schon wieder ist ein Jahr um! Das höre ich jetzt andauernd, und zwar deshalb, weil schon wieder ein Jahr um ist. Wäre es nach mir gegangen, ich hätte kein Wort darüber verloren. Warum soll ich mich zu Tatsachen äußern, die vollkommen offensichtlich sind? Als ich diese Frage jüngst in kleiner philosophischer Runde einbrachte, wurde ich von einer Kollegin, die gerade über den Beweis der Außenwelt bei George Edward Moore eine längere Abhandlung schreibt, daran erinnert, wie der gewitzte („sophisticated") Denker die Außenwelt bewies. Er hielt zunächst seine eine Hand hoch und sagte: „Hier ist eine Hand"; anschließend hielt er seine andere Hand hoch und sagte: „Und hier ist noch eine." Damit habe Moore die Existenz der Außenwelt bewiesen, indem er bewiesen habe, dass zumindest zwei Dinge der Außenwelt existierten. Er habe also, so meine Kollegin, die gedanklich bereits tief in Moores *Proof of an External World* (1939) eingedrungen war, das vollkommen Offensichtliche durch das vollkommen Offensichtliche bewiesen, nicht wahr? Auf meine begriffsstutzige Frage, warum man das vollkommen Offensichtliche beweisen müsse, konnte sie mir allerdings nicht gleich antworten. Das sei eine typische Nachdenkfrage. Sie dachte die ganze Nacht nach, um mich heute um 5 Uhr 30 via E-Mail, Wichtigkeitsstufe „Hoch", die Antwort wissen zu lassen: Das vollkommen Offensichtliche sei zugleich das am meisten Rätselhafte, ich solle bloß an das Jahr denken, das schon wieder um sei …

Worauf nicht zu antworten sei

Im Traum meinem Philosophieprofessor vom Gymnasium begegnet. Sein Gesicht, das ich nach Jahrzehnten schon fast vergessen hatte, stand mir wieder klar vor Augen. Und damit auch das Gefühl, das dieses Gesicht bei mir als Schüler auslöste: maßlose Ehrfurcht darüber, wie viel man als Lehrer aus dem Schatz philosophischer Werke auswendig gelernt haben konnte, verbunden mit der unbeschreiblichen Angst, selbst alles vergessen zu haben, was ohnehin nur ein winziges Sammelsurium der Liebe zur Weisheit war. In meinem Traum stehe ich also in der Schulbank meinem Philosophieprofessor gegenüber, der mich fragt, was denn nun die „drei berühmten Fragen Kants" seien. Mir bricht der Traumangstschweiß aus, denn mir fällt nur eine Frage – es ist die letzte, ultimative – ein: „Was darf ich hoffen?" Da erweist sich mein Philosophieprofessor als gütige Sphinx; seine Frage: „Und …?" Darauf ich: „…??" Darauf er: „Und was darfst du hoffen, Strasser?!" Hinter mir macht sich schadenfrohes Mitschülergemurmel breit, aus dem ich die Worte „Nicht genügend, setzen!" herauszuhören glaube. Ich bleibe aber stehen, während mich mein Philosophieprofessor unverwandt anlächelt. Und dies ist der Moment, in dem das Traumbild einfriert. Nichts rührt sich, stattdessen wache ich in die Dunkelheit hinein auf. Ich wage nicht, mich im Bett zu rühren. Denn im Aufwachen wurde mir eine wichtige Einsicht zuteil: Solange ich auf die Frage, was ich hoffen dürfe, keine Antwort gebe, darf ich hoffen, nicht wahr?

DEN TAG VOR DEM ABEND LOBEN!

Heute bin ich wieder einmal beim Läuten der Kirchenglocken aufgewacht. Gleich ist Weihnachten. Da musste ich an den prekären Kollegen aus einem der Orchideenfächer unserer Exzellenzuniversität denken, der, kaum wird er meiner ansichtig, mich mit seinem Orchideenfächerschwäche-Mantra konfrontiert: „Man soll den Tag nicht vor dem Abend loben!" Ich hingegen bin der Ansicht, besonders beim Läuten der Kirchenglocken: Man soll den Tag vor dem Abend loben! Unbedingt. Ich will mir selbst keine Morgenpredigt halten, aber ein Tag, der nicht bereits vor dem Abend gelobt wird, ist ein aus der Schöpfung gefallener Tag. So ein heilloser Tag besteht aus einem Haufen sinnlos durcheinandergewürfelter Fakten. Und stellt sich dann, zwischen den verstreuten Wechselfällen des Lebens, ein sogenannter Glücksfall ein, so ist es doch nur ein Zufallsglücksfall; nichts, was aus dem Geist des Ganzen geboren wäre. Während ich das Frühstück bereite, entschließe ich mich, die vor der Türe liegenden Zeitungen *nicht* hereinzuholen, ihre Druckerschwärze *nicht* bei mir einzulassen. Ja, ich werde auch diesen Tag, an dem die Glocken voll Erwartung läuten, vor dem Abend loben. Unbedingt. Ich bin ein Geschöpf, zugelassen zur Schöpfung samt meinen soeben fertiggebackenen Frühstücksbrötchen. Außerdem: Die Winterorchideen auf meinem Fensterbrett stehen in voller Blüte, von Orchideenfächerschwäche keine Spur. Guten Morgen, Frühstücksbrötchenabendland, du bist dabei, wieder einmal neu zu werden!

Himmel, mit einem Morgenkuss drauf

Gestern Nacht ein Blick aus dem Fenster. Der Himmel war der Himmel war der Himmel, mit Sternsplittern drauf. Keine einzige Sternschnuppe. Schade, aber was soll's? Ich hätte mir sowieso nichts gewünscht. Bei der letzten Sternschnuppeninvasion schrieb nämlich unsere Lokalzeitung: „Am Himmel ist die Hölle los." Die Hölle? Da spitzte ich sozusagen meine metaphysischen Ohren. Aber dann hieß es weiter: „Ob Gott Perseus Sterne fallen lässt oder Staubteile eines Kometen verglühen, ist eigentlich egal." Weg war er, der Himmel der Sternseherin Lise, die bei Matthias Claudius sagen darf: „Es gibt was Bessers in der Welt als all ihr Schmerz und Lust." Perseus oder der Komet? Egal. Lichter am Himmel waren einst Vorboten apokalyptischer Ereignisse, man konnte den Geschichten lauschen und wusste: Etwas Unaussprechliches ist im Gange, ob gut oder schlecht, ob Lust oder Leid – etwas, das unsereinen, den Schöpfungswinzling, mit dem Ganzen verbindet. Die Bedeutung der Geschichten lag darin, worüber sie schwiegen. Missgestimmt drücke ich mein Frühstücksbrötchen, bis es bröselt. Ich starre die Brösel an, sie starren zurück: blicklos. Soll ich mich umdrehen und weggehen? Da geht die Wohnzimmertüre auf: „Guten Morgen!" Meine Frau gibt mir einen Gutenmorgenkuss. Und plötzlich kommt mir vor, das Gebrösel habe eine Bedeutung – eine Gutenmorgenkussbedeutung. Ein wenig geniert wische ich die Bröselschar vom Tisch. Perseus oder der Komet? Egal, der Himmel ist der Himmel, mit einem Morgenkuss drauf.

Das fehlende Barmherzigkeitsherz

Ding-Dong, E-Mail zu früher Stunde: „Sehr geehrter Herr Professor …" Ich war aber schon zeitig beim Bäcker, wo einer, der einst Bettler sein durfte, gleich neben der Türe steht, und sich nun – wegen irgendeines Betteleigesetzes – als Zeitschriftenverkäufer platzieren muss. Niemand will seine Zeitschrift namens *Global*, ich auch nicht. Das erst macht den Bettler elend. Er soll sich als „würdig" erweisen, also ist er Dienstleister. Wie immer drückte ich ihm rasch ein Geldstück in die Hand, auf eine diffuse Weise verlegen. Er lächelte mich an. Ja, er versteht meine Verlegenheit und das beschämt mich umso mehr. Dann wieder zuhause. Ding-Dong: „Sehr geehrter Herr Professor, in der katholischen Welt wird 2016 das Jahr der Barmherzigkeit begangen. Deshalb komme ich mit der Anfrage zu Ihnen: Können Sie uns einen kleinen Essay zum Thema ‚Barmherzigkeit' schreiben?" Ich sage sofort zu. Denn gerade war mir beim Bäcker etwas widerfahren, was dem Zeitgeist unserer Zeit geschuldet ist: Wir geizen nicht mit Freigebigkeit, wir sind karitativ gesonnen und sozialstaatlich hochmunitioniert; doch die Empfänger unserer Wohltätigkeit müssen sich, im Dankbarkeitsgegenzug, als „würdig" erweisen. *Nicht wahr?* Das ist unser humanitäres Drohfragezeichen. Und uns entgeht, dass wir im Begriffe sind, unser Bestes zu opfern. Denn erst die Bereitschaft, uns der Elenden ohne Ansehen ihrer Würdigkeit zu erbarmen, macht uns wahrhaft zu Mitmenschen. Unserer Humanität fehlt das Barmherzigkeitsherz.

DIE WÜRDE DES UNWÜRDIGEN

Wieder zeitig beim Bäcker. Ich will gleich nach dem Frühstück mit meinem kleinen Essay über die Barmherzigkeit beginnen. Der Bettler neben der Tür des Bäckerladens ist verschwunden. Ich frage im Geschäft nach. Man weiß nichts. Aha. Ich weiß jedoch, dass die Besitzerin des Geschäfts, eine Kirchgängerin, dem Pfarrer erlaubte, einen von „jenen" – in ihren bigotten Augen ganz und gar Unwürdigen – neben dem Geschäft zu platzieren, ordnungsgemäß als Zeitschriftenverkäufer adjustiert. Die unverkäufliche Zeitschrift heißt *Global*, sie könnte ebenso gut „Nirgendwo" heißen: *Utopia*. Das Frühstück will mir nicht recht schmecken. Als mich meine Frau fragt, was mir über die Leber gelaufen sei, antworte ich kurz angebunden: „Mildtätigkeit ist auch nicht alles." Und als sie mich nur anschaut, frage ich schroff, wie sie mich denn behandeln würde, falls ich ihr an der Straßenecke begegnete – als Bettler. Da sagt sie: „Ich kenn dich, du bist eh immer gleich beleidigt." Darauf ich: „Und?" Darauf sie: „Ich würde dich selbstverständlich mit Würde behandeln, mein Herr!" Und sie fügt etwas Liebevolles hinzu, sodass ich nicht anders kann, als sie über den Tisch hinweg zu umarmen. Trotzdem setze ich störrisch nach – der zu schreibende Essay rumpelt in meinem Kopf herum: „Und wenn ich aber einer von *jenen* wäre, ein *Unwürdiger*??" Darauf sie: „Dann würde ich halt so tun, als ob du keiner wärst. Können wir jetzt, bitte, weiterfrühstücken?" Und wie!

Eine Kerze des Schweigens

Verblassende Erinnerung an den 14. November 2015, eine Terrorserie hatte Paris in den Ausnahmezustand versetzt. Die Terroristen hatten, bevor sie Hunderte niederschossen, „Allah ist groß" gebrüllt. Bei all der Wut und Trauer war jener Gott des Schreckens vergessen, der, um groß zu sein, eines Blutzolls bedarf. Frankreich ist ein laizistischer Staat, der gottlose Humanist hat sich seit jeher abgewendet. Hier, bei uns, die wir im tiefsten Frieden leben, kehre ich vom Bäcker mit duftendem Frühstücksgebäck zurück, nach Hause. Der Bettler neben der Tür des Bäckerladens war wieder da (er hat kein Zuhause mehr), die Zeitschrift, die er in den Händen hielt, hieß wie immer *Global*. Ich denke wie immer ans Nirgendwo – *Utopia* –, das mich an den „Gott aller Menschen" erinnert. Gemäß jüdisch-christlicher Lehre ist Gottes Wesen erfüllt von Barmherzigkeit: „Der HERR ist ein barmherziger und gnädiger Gott, langmütig, reich an Huld und Treue", so steht's im Zweiten Buch Mose. Weswegen wir, seine Geschöpfe, uns der Barmherzigkeit befleißigen sollten – auch denen gegenüber, die unser und ihr eigenes Leben zerstören, während sie brüllen: *allahu akbar!* Wieder zuhause werfe ich einen Blick durchs Fenster auf die graue Klosterkirche gegenüber meinem Haus. Sie steht noch. Ob die Karmelitinnen dort drinnen für die Terroristen vom 14. November eine Kerze des Schweigens angezündet haben? Die weltliche Ethik kennt keine Barmherzigkeit, nur Gerechtigkeit und Humanität. Das ist zu wenig.

ERLÖSUNG DES ÜBELS VON SICH SELBST

Mein Albtraum: Der Lebenskunstphilosoph glaubt an alle Götter, er ist ästhetischer Polytheist. Der gottlose Humanist glaubt an gar keinen Gott. Durch seine Spendentätigkeit hat er bereits viele vor dem Verhungern gerettet. Auf den Einzelnen komme es an, sagt der gottlose Humanist. Der Lebenskunstphilosoph findet das kleinbürgerlich, er rettet keinen Einzelnen, besucht stattdessen Aidskonzerte und Krebsdiscos. Der gottlose Humanist kann seinen Humanismus nicht erklären. Dass er nicht erklären kann, warum es auf den Einzelnen ankomme, macht ihn heimlich böse auf die, die er rettet. Er könnte sich ein steinernes Herz einpflanzen und nichts in der gottlosen Welt würde ihn ins Unrecht setzen: „Und was, wenn ich euch fallen, euch sterben ließe? Was wollt ihr mir entgegenhalten außer euren Seufzern?" Es ist die Möglichkeit des Unmenschen in ihm, gegen die der gottlose Humanist wehrlos bleibt. Dagegen steht einzig sein Engagement. Der Lebenskunstphilosoph schmunzelt: Engagement war gestern, Achtsamkeit ist heute. Sanft mischt er sich unter die geladenen Gäste der Armutsgala …, und so vernebelt auch der Alb, der mir im Traum auf Brust und Seele drückte. Erwachend glaube ich noch, die geschundene Erde seufzen zu hören. Da fällt mir ein, wovon ein jeder Versuch über die Barmherzigkeit handeln muss: *Misericordia*, das ist keine Erdentugend; ihr Ursprung liegt außerhalb der Welt. Und ihre Werke sind ein Skandalon: Sie erlösen uns nicht vom Übel, sondern das Übel von sich selbst.

Puppe unserer Menschlichkeit

Paris ist, schon bald nach dem Terror, wieder Paris. Eben die Stadt der Liebe. Inzwischen hat mir der Bettler, nachdem ich ihn beherzt fragte, aus seinem Leben erzählt: Er sei, wie er sich ausdrückte, ein „alter Knochen", ein „toter Hund". Bosnischer Muslim, die Familie von den „Christlichen" massakriert. Alles schon lange her. Hier sei er freundlich aufgenommen, dann nicht mehr wahrgenommen worden. Das Übliche eben, aber selber schuld, immer selber schuld: Arbeitsloser, Alkoholtrinker (seine schlimmste Sünde, *allahu akbar*), Almosenmann. Ich prallte innerlich zurück. Es war etwas Grausiges in seinem Sarkasmus, gleich neben der Bäckerei, aus deren Türe die Düfte des Frischgebackenen strömten. Manche Kunden – so der Bettler – würden ihm ein, zwei Stück Gebäck in die Tasche stopfen, als wäre er eine Puppe. Immer wieder müsse er wegbleiben, weil er die „Menschlichkeit" nicht ertrage … Ich weiß, der Bettler hat auch mich gemeint. Seither meide ich morgens den Gang zum Bäcker. Stattdessen nehme ich ein paar Brötchen aus dem Kühlschrank und backe sie auf. Beim unpersönlichen Hantieren – 60 Grad Backwärme, dazu Umluft – fühle ich mich besser, weniger „menschlich". Ich weiß jetzt, wie ich meinen Essay über die Barmherzigkeit beenden werde. Mit der Geschichte vom Bettler, der es nicht erträgt, täglich zur Puppe unserer „Menschlichkeit" zu werden. Wir alle bedürfen des Erbarmens, und so, als solche, sollten wir den Elenden dieser Welt begegnen. Das ist der Sinn von *misericordia*.[2]

---

[2] Die Barmherzigkeitsepisoden finden sich im Anhang meines Buches *Ontologie des Teufels*, Paderborn 2016. Sie entstanden aus Anlass der Ausrufung des Heiligen Jahres.

Teil 3
Die Kunstpause der Morgenpredigerin
Winter 2015 / 2016

Das Gleichnis vom Gleichnis

Wer sagte, dass alles ein Gleichnis sei? Oder hat das gar keiner gesagt, der zum Kanon der Weltweisen gehört? Habe ich das soeben erfunden, weil ich aus dem Fenster blicke und alles zum Gleichnis geworden ist? Der Nebel ist ein Gleichnis und auch die Lichtauren von der Straße her. Der fadenscheinige Umriss der Kirche neben der jetzt zugenebelten Ausfahrtsstraße ist ein Gleichnis, und so auch die da und dort aus dem Nebel übernächtig auftauchenden Bäume, welche ihr leichenblasses Geäst in einen Himmel recken, der gar nicht da zu sein scheint. Und die Amaryllis, die auf dem Fensterbrett ihre weißen, rosagefiederten Blütenkelche hellglänzend öffnet – auch sie ein Gleichnis (und was für eines!). Es gibt diesen Morgen: Du stehst am Fenster und schaust in das Draußen und alles ist zum Gleichnis geworden. „Das Draußen", Gleichnis! Und während du noch ganz berauscht bist von der Gleichnishaftigkeit der Dinge, beginnt sich dein unruhiges Herz zu fragen, wovon deine Welt rundum, summa summarum, denn nun ein Gleichnis sei. Ein Gleichnis wofür? Und weil im Hintergrund gerade die Milch, die du erhitzt, zischend überläuft (nicht ohne einen widerlichen Geruch abzusondern und zähe Bläschen auf der Herdplatte zu hinterlassen), mischt sich in die Zaubermenagerie der Dinge, die an diesem nebligen Morgen tiefinnerlich „für etwas" zu stehen scheinen, dein analytischer Verstand: Wenn alles ein Gleichnis ist, dann ist keines eines! Für diese Einsicht bist du der übergelaufenen Milch dankbar.

Der Fall Interimissimi

Morgens im Bus, eine aufgedonnerte Blondine – man kann das nicht anders sagen –, Mitte vierzig, steigt ein mit ihrer gegen sie abfallenden Freundin, die nichts sagt außer ab und zu: „Ganz meine Meinung." Es ist der Bus Richtung Universität mit Endstation Urnenfriedhof. Und hast du's nicht gesehen, haben die beiden hinter mir Platz genommen. Die Aufgedonnerte erklärt ihrer Freundin, dass sie sich entschlossen habe, keine Perlen mehr vor die Säue zu werfen. Daher breite sie ihre „Interimissimi" (ich spitze die Ohren, versuche, mir eine erotische Vorstellung zu bilden) nur noch vor sich selber aus, zu ihrem eigenen Vergnügen, das sei weniger anstrengend, nicht wahr? Ihre Freundin sagt zunächst lange nichts und dann: „Ganz meine Meinung." Beide verlassen an der Universität entschlossen den Bus – die beiden werfen mir einen abschätzigen Blick zu (keine Perlen mehr vor die Säue!), ich fahre weiter zum Urnenfriedhof. Der Tag vergeht, ich schlafe gut, am nächsten Morgen, akkurat im Badezimmer, fällt mir die Unterhaltung von gestern wieder ein. Ich unterbreche meine Morgentoilette und frage meine Frau, ob sie jemals die Absicht gehabt habe, ihre „Interimissimi" nur noch vor sich selber auszubreiten. Darauf erwidert sie mit ihrem besten Pokerface, dass sie „interimsmäßig" daran gedacht habe, es dann aber habe sein lassen. Ich schließe rasch wieder die Badezimmertüre, nicht ohne ihr einen Handkuss zuzuwerfen. Und die Moral? Es gibt blödsinnige Geschichten, die uns einander näherbringen.

Wie das Leben leichter wird

Er war ein Geschäftsmann, und ein erfolgreicher dazu. Sein ganzes Leben lang hatte er nach einer Maxime gelebt, die er auch seinen Kindern und Kindeskindern mit auf den Weg zu geben versuchte. Sie war einfach und klar und lautete: „Wenn du die Dinge nicht zu schwer nimmst, wird das Leben leichter." Dann begegnete er mir. Es war nach einem Vortrag, den ich zum Thema „Lebenskunst" gehalten hatte. Er trat auf mich zu und gratulierte mir zu meinen „lebensnahen Ausführungen", um schließlich mit seiner eigenen Maxime herauszurücken. Gleichzeitig ließ er mir einen sanften Tadel zukommen, weil ich sie, zu seinem Erstaunen, überhaupt nicht erwähnt hätte: „Wenn Sie die Dinge nicht zu schwer nehmen, wird Ihnen auch Ihr Leben leichter, nicht wahr?" Darauf tat ich etwas, was für Philosophen ebenso typisch wie menschlich unentschulbar ist. Ich desillusionierte ihn. Ich setzte ihm auseinander, dass er sein ganzes Leben auf die Weisheit eines Satzes gestützt habe, dessen Aussagegehalt gegen Null gehe. Er hätte es genauso gut andersherum sagen können, nämlich, dass die Dinge leichter würden, wenn man das Leben nicht zu schwer nehme. Tags darauf wachte ich mit einem schlechten Gewissen auf: Lebenskunstverderber! Schließlich aber dachte ich: Ach was, ich werde in Zukunft eben die Dinge nicht zu schwer nehmen, dann wird auch mir das Leben leichter – *et vice versa*. Jawohl, so und andersherum. Und schon war's beschlossen, zumindest an diesem Morgen des Erwachens zu mehr Menschenfreundlichkeit.

Die Arroganz der Schöpfungsblinden

Blinde können nicht über Farben reden? Unsinn! Heute, auf dem Weg zum Bäcker, habe ich mich im dichten Frühnebel mit einem Blinden, den ich schon von Weitem am Klappern seines Stockes erkenne, über die Farbe der Hundehaufen unterhalten – liebevoll auch „Gacksis" genannt –, die um diese Zeit überall hin abgesetzt werden. Der Blinde erklärte mir detailliert – für meinen Geschmack zu detailliert –, wonach die verschiedenen Gacksihäufchen duften. Und es ist nun, wie mir der Blinde erklärte, diese Farbe des Hundehaufengeruchs, die für ihn die Morgenspaziergängerwelt koloriert. „Ziemlich eintönig?", vermutete ich, aber er erwiderte: „Nein, gar nicht, jedes Gacksi hat ja seinen eigenen, ganz und gar individuellen Farbton!" Da hatte ich eine Eingebung, was um diese Tageszeit höchst selten der Fall ist: Blinde sprechen über Farben, so wie wir, die wir über die Fähigkeit des Sehens verfügen, über die Welt als Schöpfung sprechen sollten. Blind gegenüber den Schöpfungswundern, die uns ständig umgeben, reden viele von uns so, als ob all die morgendlichen Gacksis bloß eine grausliche Anhäufung von kleinen stinkenden Fakten, *brute facts,* wären, die möglichst rasch im Gacksisackerl zu verfrachten sind. Wir armseligen Philosophenwichtel, besonders die zwanghaft begriffsklauberischen unter uns, haben weniger Ahnung von der Geistfülle der Welt, die in den letzten Winkel eines Gacksisackerls hineinreicht, als der Blindeste unter den Blinden von der Pracht und Herrlichkeit der Farben.

Premiumangst im Zeitalter der Angst

Angst, Angst, Angst. Die Menschen, so heißt es, haben wieder Angst. Es gibt, heißt es, tausend Gründe, Angst zu haben. Angst von A bis Z. Heute bin ich aufgewacht, und zwar mit plötzlichem Harndrang aufgrund des Umstandes, dass mir zunächst weder zu „A" noch zu „B" eine passende Angst einfallen wollte. Meine Angstignoranz entfesselte bei mir eine fieberhafte Morgenangstsuche, die ihrerseits zum dringenden Bedürfnis führte, das stille Örtchen aufzusuchen. Bitte, unter „B" immerhin jetzt eine respektable Angst: Bettnässerangst. Jawohl, die Angst, mit zunehmender Vergreisung wieder das Bett zu nässen! Und dann fiel mir auch eine super A-Angst ein, sozusagen eine Premiumangst: die Angst, im Zeitalter der Angst keine Angst zu haben. Was, bitte schön, könnte beängstigender sein? Du wachst auf und hast keine Angst, fühlst dich rundum wohl, geradezu geborgen, freust dich auf den Tag, der dich erwartet, und springst mit beiden Beinen frischfröhlich aus dem Bett. Das wäre ein sicheres Zeichen dafür, dass du dabei bist, der totalen Altersverblödung anheimzufallen. Kein Zweifel, ich hatte Angst vor dem Glück meiner alten Jahre, jawohl, Altersverblödungsglücksangst, was wollte ich mehr? Ich wollte eine Z-Angst, aber mir fiel nur die Zeckenangst ein, die ich im Winter nicht habe. Meine Angsthoffnung: Zeckenbisswintersaisonangst infolge des Klimawandels. In diesem Moment bekam ich einen Lachreiz – die Folge: L-Angst (Lachreizangst) – und wäre beinahe doch noch zum Bettnässer geworden.

Immer wieder dasselbe

Gestern wurde bei mir „angefragt", ob ich nicht eine Stellungnahme zu der Frage abgeben möchte, worauf ich mich freue, wenn ich ins neue Jahr vorausblicke. Meine erste Reaktion: professionell abschätziges Zähneknirschen. Worauf, bitte schön, sollte man sich denn freuen in diesen Zeiten? Hungersnöte und Feuersbrünste, Überschwemmungen und Flüchtlingsströme, Terrorwellen und Wirtschaftsflauten. Es scheint, das ganze Universum spielt verrückt ... Man erwartet, dass ich mich als *public intellectual* inszeniere und, düster umflort von Katastrophenahnungen, trotzdem ein Quäntchen Freude absondere. Aber nicht zu viel, bloß nicht! Bloß kein Existenzialkitsch, kein Hummelfigurenhumanismus!! Und weil ich ein Profi in solch schwindlig-prophetischen Angelegenheiten bin, sage ich zu, jawohl, einige Zeilen Optimismus fürs neue Jahr. Die nächtliche Folge: unruhiger Schlaf, Einfallslosigkeit in Weltangelegenheiten. Doch dann fällt mir ein, dass ich gar nicht zuständig bin für die Welt und ihre Angelegenheiten. *Public intellectualism*, das bedeutet, Quasi-Zuständigkeit für Dinge, über die man zum Glück keinerlei Macht hat. Und sonst? Es geht mir gut, und ja, danke schön, ich möchte, dass es mir weiterhin so gut geht. Also ist meine Freudenformel für das neue Jahr rasch gefunden: „Immer wieder dasselbe und am besten nichts Neues!" Zugegeben, meine Freudenformel ist eine Schande für jeden *public intellectual*, daher meine zweite Reaktion: professionell abschätziges Zähneknirschen.

SCHLUCK ERST EINMAL RUNTER!

Heute, nach einem herzhaften Biss in mein Frühstücksbrötchen, fiel mir ein, dass ich mir nachts vorgenommen hatte, eine Liste fürs neue Jahr anzufertigen: „Schamgefühle, für die ich mich schämen sollte". Ich habe solche Gefühle, leider. Ich sage also zu meiner Frau, dass ich beabsichtige, mir eine Liste der Schamgefühle, für die ich mich schämen sollte, anzufertigen. Denn heute Nacht, umringt von Augen, die mokiert waberten (zugegeben, ein kapriziöser Albtraum), schämte ich mich dafür, nicht glauben zu können, dass der Urknall Gott sei und alles Leben auf Erden das Produkt eines bedeutungslosen Zufalls. Eher noch glaube ich, dass Gott der Schöpfer des Urknalls und alles Leben auf Erden das Produkt göttlicher Vorsehung sei. Ach, unter mokiert wabernden Augen dahintreibend, schämte ich mich dafür, nicht an den unüberbietbaren Flach- und Schwachsinn eines Weltbildes zu glauben, das mir von den wissenschaftlichen Autoritäten unserer Zeit als das einzig wahre Bild der Welt zur Glaubenspflicht gemacht wird – bei gleichzeitig verpflichtender Schmähung aller „Kuttenbrunzer" (so wörtlich Sannyasin Peter Sloterdijk in *Zeilen und Tage*). Nachdem ich, mit vollem Mund, meiner Frau von meinem Neujahrslistenvorsatz erzählt habe, sagt sie hinter ihrer Zeitung hervor: „Schluck erst einmal runter!" Das klang irgendwie tiefsinnig, es war aber bloß gemeint, wie es gesagt wurde. Ich schlucke also erst einmal runter. Danach war die Liste der Schamgefühle, für die ich mich schämen sollte, vom Tisch.

Hic Rhodus, hic salta!

Nichts scheint zu passieren. Ich stehe auf und weiß nicht mehr, welches der falsche Fuß ist, um aufzustehen. Aber den richtigen gibt es auch nicht. Weder falsch noch richtig, das ist die Devise der irrealen Realität. Ich gehe ans Fenster. Draußen ist alles, wie es ist, und irgendwie ist alles zu wenig. Ich drehe mich um, vom Fenster weg, bloß, um in die noch dunkle Küche zu schauen, die jetzt daliegt, als ob es völlig gleichgültig wäre, dass ich gleich das Frühstück zubereiten werde. Und dass ich mir nicht völlig sicher bin, ob es tatsächlich völlig gleichgültig ist, macht die Sache nur unwirklicher. Was ist geschehen? Gestern sind die Kurden in ihren Verstecken aufgestöbert und wie Hasen bei der Treibjagd abgeschossen worden. Ich weiß nicht, warum mir gerade diese Episode einfällt. Denn sie ist eine der üblichen Barbareien auf dem ewigen Schlachtfeld, das sich „Menschheit" nennt. Dann erinnere ich mich: Mir sind, wegen der endlosen Feiertage, schon vor Tagen meine Realitätstabletten ausgegangen. Seither plagt mich der Horror vor der irrealen Realität. Und dann wache ich auf. Ich träumte, ich hätte meine Realitätstabletten einzunehmen vergessen, was mich daran erinnert, dass ich nicht vergessen darf, meine Tabletten gegen den Horror vor der realen Realität einzunehmen. Und dann wache ich noch einmal auf und weiß wieder, welches der richtige Fuß ist, um, aus dem Bett springend, mit dem falschen aufzustehen. *Hic Rhodus, hic salta!*

Das Rad der Lüste, leider verschlafen

Neulich hat mir mein Sohn das *Kamasutra der Frösche* von Tomi Ungerer geschenkt, ein antiquarisches Exemplar. Was er mir damit bedeuten wolle, fragte ich ihn, während er lachte und mich an die Zeit erinnerte, da ich ihm Ungerers wunderbare Kinderbücher immer wieder vorlesen musste. 1982 erschienen, ist Ungerers *Kamasutra*, ein augenzwinkerndes Erotikon für Erwachsene, längst vergriffen. Falls nicht unsere Buchhandlungen verschwunden sind, sind Ungerers Bücher aus unseren Buchhandlungen verschwunden. Große Kunst, ob für Kinder oder Erwachsene, die nicht mehr gezeigt werden soll, weil sie nicht „kindergerecht" und „politisch korrekt" sei. Gegen das Sexleben der Frösche bei Ungerer haben sogar Tierschützer protestiert. Der närrischen Tugendfraktion des Westens zum Trotz schlug ich gestern Abend meiner Frau augenzwinkernd vor, wir sollten doch einige Übungen aus Ungerers Rad der Frösche-Lust probieren. Denn im *Kamasutra* heißt es: „Ein Mann, der die Tiere nachzuahmen weiß, entfacht Liebe, Freundschaft und Achtung in den Herzen der Frauen." Heute Morgen rügt mich meine Frau, weil ich, kaum im Bett, gleich wegschlief, räumt aber ein, dass ich auf diese Weise wenigstens körperlich heil geblieben sei. Denn im *Kamasutra* heißt es: „Wenn sich das Rad der Lüste dreht, gibt es kein Lehrbuch und auch keine Regel mehr." Aber bitte, es sei noch nicht aller Tage Abend. Und eigentlich, füge ich erleichtert hinzu, sei es noch nicht einmal wieder Abend …

Das Gleichnis vom inneren Röcheln

Das Röcheln seiner Kaffeemaschine könne er bekämpfen, mit einem der handelsüblichen Entkalker. Aber wie, bitte schön, könne er sein inneres Röcheln bekämpfen, das ihn jeden Morgen plage? Ich kenne ihn nur flüchtig, von meinen Morgengängen zum Bäcker. Er hat wahrlich keinen Grund, sich mir derart anzuvertrauen. Ich sage „Hm, hm" und „Na ja", und will schon, weil ich nicht weiß, was ich sagen soll, auch noch etwas ganz Dummes sagen, nämlich: „So schlimm wird's schon nicht sein." Er aber kommt mir zuvor, indem er mit pedantischer Stimme klarstellt: „Es ist schlimm, schlimmer, als ich anfänglich gedacht habe." Also räume ich ein, dass es vermutlich schlimmer sei, als man anfänglich denke, um einbekennend hinzuzufügen, ich wisse eigentlich nicht recht, was ein „inneres Röcheln" sei. Da bin ich freilich auf eine existenzielle Tretmine gestiegen. Ich würde doch wohl das Röcheln einer Kaffeemaschine kennen, oder?! Sofort stimme ich dem mir nur flüchtig Bekannten zu. Und während er im Morgennebel verschwindet, kommt mir vor, dass ich ihn innerlich röcheln höre: ein Kaffeemaschinenwahlverwandter, der gleichsam wieder einmal entkalkt werden müsste. Und plötzlich kommt mir außerdem vor, ich wüsste endlich – endlich! –, was Goethe meinte, als er über die Wahlverwandtschaft der Dinge schrieb, wobei der Dichterfürst gewiss nicht an Kaffeemaschinen dachte, die zur Entkalkung anstehen. Nein, er dachte exemplarisch an das Auge, dessen Sonnenhaftigkeit es erst ermögliche, die Sonne zu erblicken. Reinste Poesie, kein Röcheln, kurz: unverständlich.

Wie rasch doch die Zeit vergeht!

Morgens wird es bereits früher hell. Das veranlasst die Menschen in meiner Umgebung zu sagen: „Wie rasch doch die Zeit vergeht." Ich aber stehe an meinem Orchideenfenster und blicke zur Kirche gleich neben der Ausfahrtsstraße hinüber. Noch immer müht sich die hüftschwache alte Frau durch die schwere Holztür des Kirchenportals, um die Morgenmesse zu besuchen (ich weiß nicht, ob zu dieser Zeit überhaupt eine Messe gelesen wird). Mir kommt vor, die alte hüftschwache Frau ist schwächer geworden, denn die Kirchentür scheint dem Druck ihrer beiden Hände einen immer stärkeren Widerstand entgegenzusetzen. Trotzdem habe ich das Gefühl, während ich beobachte, wie der Türspalt schließlich groß genug ist, um durchzuschlüpfen, dass die Zeit immer langsamer vergeht. Irgendwie hängt das Zögern der Welt, weiter voranzuschreiten, mit dieser kleinen Szene auf den Kirchenstufen zusammen. Und ich spüre tiefinnerlich, dass die Zeit eines Tages stillstehen wird. Dann nämlich wird die alte hüftschwache Frau nicht mehr durch die schwere Holztür kommen. Sie wird es versuchen, nichts wird sich rühren. Das Holz wird unbeweglich verharren, der eiserne Türgriff auch. Und dann, am Ende wird die alte hüftschwache Frau wegbleiben ... Ich wende mich vom Fenster ab, es ist Frühstückszeit. Und nun, eifrig zwischen Toaster – heute gibt es getoastetes Brot – und Kaffeemaschine hantierend, gehöre ich wieder zur Rotte jener, die bass erstaunt in den Tag hineineilt: „Wie rasch doch die Zeit vergeht!"

Das Elend der Schnullerfee

Meine jüngere Enkeltochter H., die noch dieses Jahr in den Kindergarten kommt, will auf ihren Schnuller nicht verzichten. Daher erhält sie von ihrer älteren Schwester E., die noch dieses Jahr in die Volksschule kommt, den altersweisen Rat: H. solle den Schnuller abends vor die Türe legen, damit die Schnullerfee nachts kommen, den Schnuller an sich nehmen und statt seiner ein tolles Geschenk zurücklassen könne. Der Vorschlag wird von H. mit höchster Besorgnis aufgenommen, ihr Schnuller sitzt ihr im Gesicht, als ob er dort festgewachsen wäre. Ich denke mir mitleidig mein Teil, nämlich, dass auch das zauberhafte Reich der Feen nichts weiter ist als ein verlängerter Arm des Reiches der Zwänge, in dem wir alle zu leben gezwungen sind. Und während E., weil schon lange schnullerentwöhnt, sich die schönsten Schnullerentwöhnungsgeschenke ausdenkt, habe ich eine pädagogisch geradezu unverantwortliche Schnapsidee: Das schönste Schnullerentwöhnungsgeschenk gäbe doch der schönste überhaupt vorstellbare Schnuller ab, oder? Er sollte morgens vor der Türe liegen! Durch diesen Akt des Widerstandes gegen die pädagogische Ordnungstristesse könnte die Schnullerfee ihrem Feenstatus alle Ehre erweisen. Aber dann muss ich lachen bei der Vorstellung der elenden Schnullerfee, die über einem ständig anwachsenden Riesenberg abgelutschter Schnuller hin und her flattert – und H. lacht mit, denn sie hat inzwischen ihren Schnuller vor der Schnullerfee in Sicherheit gebracht.

Absolut horrible Totalerleichterung

„Am Ende ist dann Schluss", singt Max Raabe, vor seinem Palast-Orchester stehend. Dem Logiker – und ich kenne einige! – scheint an diesem Satz bemerkenswert nur, dass man über ihn trotzdem lacht. Denn, so der Logiker, dieser Satz sagt nichts aus. Gar nichts. Er ist leer, eine Tautologie. Das Ende bildet, zeitlich gesehen, notwendig den Schluss, und wenn erst Schluss ist, dann ist das Ende auch schon da. Nicht, dass hier irgendein Naturgesetz oder sonst eine kosmische Regel regiere, vielmehr, so der Logiker, bedeute beides, das Ende und der Schluss, eigentlich genau dasselbe. Daran, an diese der Logik eigene Dummheit musste ich heute denken, als ich, beim Ausstieg aus meinem Bett – mit Wirbelschmerz und dadurch verursachtem Kopfschmerz, der sich auf tückische Weise in den falschen Fuß, mit dem ich aufzustehen pflege, hineingezogen hat –, Raabes Schlagerweisheit repetierte: „Am Ende ist dann Schluss." Hoffend, vom Ende noch ein Stück weit entfernt zu sein, hatte ich, vom Scheitel bis zur Sohle, ein kompaktes Vorgefühl dafür, wie es sein muss, wenn am Ende Schluss ist. Absolut horribel und doch eine totale Erleichterung! Dass dem Logiker dazu womöglich wieder nur einfällt, es handle sich bei meiner „absolut horriblen Totalerleichterung" um ein Art *contradictio in adiecto* (oder so ähnlich), erfüllte mich mit gleichsam vollmenschlicher Genugtuung: Der Logiker ist ein Verstandesdepp; er wird nie wissen, wie sich das anfühlt, wenn am Ende Schluss ist.

WORAUF MAN ACHTEN SOLLTE

Für jemanden, der sich morgens immer erst zusammenklauben muss, sind die Maximen der Lebenskunst eine Provokation. „Sei achtsam!" Das ist, im Moment, die lebenskünstlerische Kardinalmaxime. Ehrlich gesagt, weder bevor noch nachdem ich mit dem falschen Fuß aufgestanden bin (mich dabei jeden Tag aufs Neue fragend, welcher denn der richtige wäre), finde ich es nicht besonders hilfreich, achtsam sein zu sollen. Denn, um achtsam sein zu können, müsste ich zuerst wissen, worauf ich achten sollte, nicht wahr? Morgens, noch im Bett, habe ich das Gefühl, ich sollte auf alles achten. Denn aus Erfahrung weiß ich, dass Hölderlin Unrecht hatte, als er schrieb, dass dort, wo Gefahr ist, auch das Rettende wächst. Gefahr ist immer und überall, so viel glaube ich zu wissen, noch bevor ich eine Zehe gerührt habe, um mit dem wieder einmal falschen Fuß aus dem Bett zu steigen. Bin ich aber erst aus dem Bett gestiegen, und zwar nicht ohne den existenziellen Versuch, mich zusammenzuklauben, habe ich keine Zeit mehr, auf dies und das zu achten. Denn nun gilt es, das Frühstuck zu besorgen, ein Umstand, der meine ganze Achtsamkeit erfordert. Sei achtsam? Man kann nicht sein wollen, was zu sein man ohnehin dadurch gezwungen ist, dass man einigermaßen ohne zerschlagenes Frühstücksgeschirr durch den Morgen kommen will. Mir scheint die Maxime „Sei achtsam!" genauso sinnvoll wie der Ratschlag, nicht mit dem falschen Fuß aufzustehen. Wer sie befolgt, bleibt liegen.

Bis auf alles besser als nichts

Man hatte mich eingeladen, um ein paar Worte zur *Situation der Zeit* zu sagen, im Anschluss an ein sechsgängiges Abendessen. Ich hatte erwartet, auf eine rüstige Schar Sechzigjähriger-plus zu treffen. Aber nein, es waren durchwegs junge Leute aus den besten Häusern der Stadt. Der Existenzialismus, den wir Älteren abgelegt hatten, feiert offensichtlich ein Comeback. Da saßen sie also, die jungen Existenzialistinnen und Existenzialisten, ohne sich in den seinerzeit obligaten Zigaretten- und Pfeifenrauch zu hüllen. Auch sahen sie aus, als ob sie weder illegale Drogen nähmen, noch die „freie Liebe" praktizierten, noch sonderlich an Selbstmord dächten. Überhaupt wirkten sie auf mich wie eine Versammlung jener Charityclubs, deren Mitglieder emsig die Karriereleitern knüpfen, auf denen der eigene Nachwuchs nach oben klettert. Die Diskussion nach meinem kleinen Referat zur Situation der Zeit war müde, es galt, ein sechsgängiges Abendessen zu verdauen. Dann fiel der existenzialschwangere Satz: „Wir haben alles bis auf alles." Das war mir doch zu viel. Ich entschuldigte mich und ging. Heute, bei der Zubereitung des Frühstückskaffees fiel mir ein, dass ich alles hatte bis auf die Milch. Aber die Milch ist nicht alles, deshalb konnte ich rasch eine im Supermarkt besorgen. Die Kassiererin überraschte ich dann mit einem flotten Spruch: „Bitte schön, das ist alles bis auf alles." Worauf sie mir, geistesgegenwärtig und gewitzt, zur Antwort gab: „Und das ist besser als nichts, nicht wahr?"

Die nur für sich selbst sprechen ...

Auf ihrer Bluse trägt sie ein Schildchen: „Achtsamkeitstrainerin". Sie sagt, weil sie achtsam sei, könne sie nur für sich selbst sprechen. Sie ist mir heute Nacht im Traum erschienen, um mit mir zu trainieren, nur für sich selbst zu sprechen. Das Thema: Tanzdating. Sie glaubt nicht, dass ich wirklich jemand sei, mit dem man gerne tanzen gehen möchte (ich bin Nichttänzer), aber bitte, das sei nur ihre persönliche Meinung, so, wie sie die Dinge sehe, so und nicht anders. Ich sage ihr, dass ich überhaupt nicht tanze und sie sich daher auch nicht darum zu bekümmern brauche, ob sie mit mir tanzen gehen möchte. An diesem Punkt fühlt sie nun eine gewisse aggressive Abwehr meinerseits, denn, wie sie mir versichert, komme es ja weder darauf an, ob ich mit ihr tanzen gehen möchte oder nicht; es sei auch unwichtig, ob ich überhaupt jemals das Tanzbein geschwungen hätte. Sie habe als Achtsamkeitstrainerin nur für sich selbst sprechen wollen. Nur. Darauf verschwand sie aus meinem Traum, und mein Traum verschwand mit ihr. Sobald ich aufgewacht bin, drehe ich mich zu meiner schlafenden Frau, um sie zu fragen, ob sie mit mir tanzen gehen möchte. Schlafend sagt sie: „Jetzt nicht." Entspannt schlafe ich wieder ein. Nicht auszudenken eine Welt, in der alle nur für sich selbst sprechen würden, weil niemand sich in die Angelegenheiten anderer einmischen wollte. Wodurch könnte man sich denn mehr in die Angelegenheiten anderer einmischen als dadurch, dass man sie wissen lässt, man spreche immer nur für sich selbst?

Was mich beruhigt

In den letzten Tagen war immer wieder zu hören, dass die Schiiten und Sunniten einander abschlachten wollen. Vor Jahren waren es die Hutu und Tutsi. Schon damals hatte ich keine Ahnung, um wen oder was es eigentlich ging. Als ich heute Morgen das Radio aufdrehe und höre, dass Saudi-Arabien und der Iran „Stellvertreterkriege" führen, packt mich das Morgengrauen. Ich habe schon wieder keine Ahnung, um wen oder was es geht. Muslimische Parteiungen, aber welche? Unterdrückung der einen durch die anderen, aber wie? Zugänge zum Öl, aber wo? Und was hat das alles mit Allah, dem Propheten und dem Koran zu tun? Inzwischen wird in Gegenden, die auf dem Atlas zu finden ich mir auch schon schwer täte, der sogenannte kalte zum heißen Krieg. Irgendwie fühle ich mich aufgerufen, Stellung zu nehmen. Innerlich wenigstens. Man muss als Mensch reagieren, eine Regung zeigen, oder? Dass wildfremde Exemplare der Gattung Homo Sapiens wegen eines mir undurchschaubaren wechselseitigen Hasses, der in einer mir gleichgültigen Weise in ihrer mir fremden religiösen Überzeugung wurzelt, mich hier und jetzt, in meiner Frühstücksecke mit Blick auf die mir wohlvertraute Kirche, moralisch dazu verpflichten könnten, gedanklich und emotional um ihre Angelegenheiten besorgt zu sein – das macht mich elend. Elend! Ich bin außer mir, vermutlich ein schlechter Mensch. Dann aber sehe ich, dass aus dem Klostertrakt der Karmelitinnen neben der Kirche Rauch aufsteigt. Dort lebt also noch jemand. Und das beruhigt mich.

Es läuft, wie es läuft

Heute fand ich unter meinen Notizen zu den Sachen, die dringend zur Erledigung anstehen, einen Zettel mit einer „Anfrage" an mich selbst. Da steht: „Wieso mischt du dich überall ein?" Ich kenne mich als einen Menschen, der, kaum hat er nach einer Albtraumnacht, in der es wieder einmal lief, wie es lief, die Augen aufgemacht, auch schon den Vorsatz fasst, nicht bloß freundlich danebenzustehen und den Dingen verwundert bei ihrer Selbstentfaltung zuzusehen, sondern sich selbst tüchtig einzumischen. Leute, die es nett mit mir meinen, pflegen zu sagen, ich hätte ein „philosophisches Gemüt", andere, die es weniger gut mit mir meinen, werfen mir vor, ich sei ein „Drückeberger", der den Problemen, die das Leben an uns alle herantrage, „aus dem Weg gehe", wo immer er könne. Mein Vorsatz, mich tüchtig einzumischen, reiche nicht über das geduldige Papier hinaus. Und das sei eben nicht genug. Meine Umgebung empfindet es offenbar als besonders störende Einmischung in ihre sogenannten Angelegenheiten, wenn ich mich *nicht* einmische. Schön, um mich nicht durch Nichteinmischung überall einzumischen, werde ich mich ab sofort durch Einmischung einmischen. Aber wie? Fürs erste zerknülle ich den Zettel mit der Frage: „Wieso mischt du dich überall ein?" War's das? Die Antwort gibt mir prompt mein Toaster, der gerade, auf eine Laufzeit von 2 Minuten und 80 Sekunden eingestellt, zwei duftend goldbraune Brotscheiben auswirft. Es läuft, wie es läuft. Ich finde, das ist Einmischung genug.

Vom Schlafen bei offenen Augen

Dass ich noch mein ganzes Leben verschlafen werde, war einer der elterlichen Vorwürfe, die ich zu hören bekam, sobald ich mich, statt aus dem Bett zu springen, mein Gesicht erneut tief in das Polster drückte. Als Langschläfer war man, so schien es, Mitglied einer über die Welt verstreuten Schicksalsgemeinschaft, deren Mitglieder einander nicht kannten, aber eines gemeinsam hatten: Ihnen allen drohte, am Ende ihrer Tage, dem Sensenmann beichten zu müssen, dass sie ihr Leben verschlafen hatten. Daran musste ich neulich denken, als aus dem Gespräch zweier Frauen, die mit mir zusammen auf den Bus Richtung Urnenfriedhof (mit Zwischenstation Universität) warteten, ein in die Frühmorgenkälte gehauchter Satz aufstieg: „Er wird noch bei offenen Augen sein Leben verschlafen." Als ich diese von einem tiefen Seufzer begleitete Prognose hörte – offenbar der Seufzer einer besorgten Mutter –, da stieg vor meinem inneren Auge eine Lebensutopie auf, die zu erreichen mir als das höchste aller Ziele erschien: Man geht nicht blind durchs Leben; man sieht die Dinge, wie sie sind – sie sind meistens so, dass man sie besser verschliefe –, und voilà: Man verschläft sie offenen Auges! Die Welt wäre dann da, aber eingelassen wie in einen wundersamen Traum, der bald schon zu Ende sein würde, freilich ohne die Drohung eines plötzlichen Erwachens hinein in jenes Reich des Schreckens, den man Realität nennt. Der Bus kam: Ab ging's Richtung Universität, mit Endstation Urnenfriedhof!

Beseelter Schnee

Kaum noch Schnee. Für meine Enkeltochter H., die bei uns zu Besuch ist, kein Hindernis. Aus Schnee lassen sich Schneemänner bauen, und nicht nur Männer. Heute ist Schneemannmamatag. Gott hauchte einem Lehmbatzen Leben ein und so entstand Adam. H.s Schneemannmama hingegen entsteht, indem meine Frau, schneemannmamabauend, sich mehrfach in die eiskalten Hände haucht, damit sie ihr nicht abfrieren. Denn die Schneemannmama darf nicht gar zu klein ausfallen, gilt es doch, ihr an die Seite ein Schneemannbaby zu drücken, damit das Ganze eine richtige Schneemannmamaundbabygruppe wird. H. ist entzückt, meine Frau versucht, ihre Hände vor dem Erfrieren zu bewahren, ich stehe in Wollfäustlingen freundlich daneben. Auch steuere ich Augen aus kleinen Steinchen bei, welche die Hausbesorgerin gestreut hat, damit sich unsereiner nicht den Oberschenkelhals bricht. Schneemannmama und ihr Schneemannbaby schauen uns jetzt steinchenäugig an, kein Zweifel, die beiden haben eine Schneeseele. H., noch unverdorben vom Kindergartenaufklärungsbetrieb, ist hellauf entzückt. Würde ihr das Wort „kindlicher Animismus" vertraut sein, fiele ihr Kommentar gegen die, die es auf den Schneeseelenglauben anwenden, vermutlich knapp aus: „Deppen." Stellvertretend deklamiere ich das Wort. Während mir meine Frau ungerührt meine Wollfäustlinge abluchst, füge ich mit Blick auf die Schneemannmamaundbabyidylle poetisch gehaucht hinzu: „Ein Seelengebild'." Und H. sagt, mich nachäffend: „Deppen." Na also.

Die Seligkeit des Nacktmulls

Eine Freundin, die ich wegen ihrer Neugierde für Weltangelegenheiten in Weltgegenden bewundere, von denen ich nicht einmal weiß, in welcher Himmelsrichtung sie liegen, hat mich sanft getadelt. Ich dürfe, sagte sie, meine Augen vor der Wirklichkeit nicht verschließen. Sie sagte das „in Eile", weil sie, wie sie hinzufügte, „schrecklich neugierig" gemacht worden sei durch ein Vorkommnis, das sich aus lauter Einzelheiten zusammensetzte, welche exotische Namen trugen, von denen ich noch nie etwas gelesen oder gehört hatte. Mir blieb aber das Wort „schrecklich" in Erinnerung, es begann in mir sozusagen auszutreiben. Heute Nacht wachte ich dann auf und hatte ein multizyklopisches Körpergefühl, ich weiß nicht, ob es dafür einen Fachausdruck gibt. Na, egal, es fühlte sich an, als ob ich rundherum, bis in die kleinsten Hautfalten hinein, Augenpusteln hätte. Das Unbeschreibliche lässt sich nicht besser beschreiben. Mein Körper bestand aus lauter Pusteln, die schrecklich neugierig darauf waren, etwas zu sehen. Und siehe, sie alle sahen, und sie sahen alles, was es zu sehen gab, auch winzigste Details in jenen meiner Körpergegenden, von denen ich am liebsten nie etwas erfahren hätte. Da sie aber alle alles zugleich sahen, sahen sie gleichzeitig praktisch nichts. In diesem hellsichtig blinden Moment erwachte ich aus meinem multizyklopischen Albtraum. Als ich wieder einschlief, träumte ich selig davon, ein blickloser Nacktmull zu sein, wunschlos angeschmiegt an seine Nacktmullliebste.

Er sollte eigentlich längst tot sein

Er sollte eigentlich längst tot sein. Das jedenfalls sagte seine kleine Verwandtschaft, die bei uns auf Besuch war: Sohn, Schwiegertochter und Enkelsohn. Sie sind „Realisten", dem Opa sei das Leben nur noch ein Ärgernis. Meine Frau sagte, niemand verdiene es, „eigentlich längst tot zu sein". Ich wollte mich nicht festlegen. Die kleine Verwandtschaft war sich dessen gewiss: Der Tod wäre eine Erlösung. Am nächsten Tag ging ich den „Opa" besuchen. Alle sagten nur „Opa" zu ihm, auch die Krankenschwestern auf der intensiven Pflegestation. Ich kannte ihn seit meiner Kindheit, wir waren eine Zeitlang Nachbarkinder gewesen. Dann hatten wir uns, wie man so sagt, aus den Augen verloren. Jetzt lag ein Fremder, aus dem die Schläuche heraushingen, vor mir im Bett. Er aber erkannte mich sofort, sprach mich an mit jener Vertrautheit, die manchen Sterbenden gegenüber Fremden eignet. Er sollte eigentlich längst tot sein, nicht wahr? Aber es geniere ihn, tot dazuliegen, den anderen ein Objekt der Betrachtung. Auch wolle er niemandem eine Trauerarbeit zumuten. Daher halte er durch. Als ich meiner Frau heute beim Frühstück erzähle, dass der „Opa" durchhalte – eine Nacht fiebertraumartiger Durchhalteparolen lag hinter mir –, sagt sie: „Das tun wir doch alle." Worauf ich ihr als Antwort einen „Guten Morgen, schön, dass du da bist!"-Kuss gebe. Darauf erwidert sie lachend: „Man darf es bloß nicht merken lassen." Ich sage nichts mehr, bedanke mich aber im Stillen: Danke, „Opa"!

Bettnaturromantiker, sozusagen

Heute früh war ich auf unserem Hausberg. Es war noch stockdunkel, als ich losfuhr. Vom Fuß des Berges dann hinauf zum Gipfel. Ich tat es auf Anraten meines Internisten. Wegen meiner Kondition, die etwas damit zu tun hat, dass ich möglichst lange lebe. Das ist die offizielle Version, die nur quasi offiziell ist, weil sie niemanden interessiert, ausgenommen, hoffentlich, meine Lieben. Meine Frau hat mich im Verdacht, ein überalterter Naturromantiker zu sein. Und sie hat recht. Ich dachte mir, warum nicht das Gesunde mit dem Naturromantischen verbinden? Also hinauf auf den Berg, über Stock und Stein, um den Sonnenaufgang zu erleben, in all seiner Pracht, da oben, auf dem Gipfel. Aber dort war nichts, nicht einmal der Gipfel. Es gab nur den Nebel, der vor sich hinwaberte. Ich bin dann mit der ersten Gondelbahn wieder ins Tal gefahren. Als ich wieder zu Hause war, fiel mir ein, dass einst Hegel, als er einmal übers Gebirge ging, eine große Langeweile befiel. Er beklagte die Geistlosigkeit der toten Materie. Das geht mir jetzt gegen den Strich meiner Naturromantik. Also frage ich meine Frau beim späten Frühstück, was sie von der Geistlosigkeit der toten Materie halte. Sie sagt: „Nichts." Und ich sage: „Eben." Morgen werde ich im Bett bleiben. Und Naturromantiker bleibe ich auch. Bettnaturromantiker, sozusagen. Meine Utopie: die Federkernmatratzensynthese aus Wildnis und Zivilisation. Das ist mehr, als sich Hegel, der Philosoph des Weltgeistes, hätte träumen lassen.

Mein Fatalist

Ich liege wach. Mein Fatalist behauptet, es sei nichts zu machen. Er erscheint mir immer spätnachts und frühmorgens, etwa zwischen 3 und 5 Uhr. Sein Gesicht ist das eines berühmten Schauspielers der Stummfilmzeit, dessen Namen ich vergessen habe. Seine Spezialität, so mein Fatalist, sei es gewesen, in seiner „aktiven Zeit" niemals gelächelt, geschweige denn gelacht zu haben. Das sei Ausdruck seines Fatalismus gewesen. Nur einmal will er in einem Film, von dem weder das Original noch irgendwelche Kopien existieren, bei einer Szene, die allen seinen Szenen in allen seinen anderen Filmen bis aufs Haar geglichen habe, in schallendes, brüllendes, nicht enden wollendes Gelächter ausgebrochen sein. Damit habe er versucht, die, wie er es nennt, „Eisdecke des Fatalismus" zu durchbrechen. Er sei aber gescheitert, dieses sein Lachkunstwerk habe niemals das Licht der Öffentlichkeit erblickt. Während mein Fatalist mir versichert, es sei nichts zu machen, werde ich seelentief müde. Kein Wunder, mein Fatalist steht da und klappt seinen Mund, aus dem die immerselbe Leier kommt, auf und zu. „Nichts zu machen, nichts zu machen, nichts zu machen ..." Das ist keine Unterhaltung, die einen besonders fesseln könnte, nicht wahr? Gegen 5 Uhr schlafe ich dann aus Langeweile gewöhnlich ein: für mich, hintennach, der beste aller möglichen Beweise dafür, dass mein Fatalist unrecht hat. Ohne ihn läge ich noch um 6 Uhr morgens wach und wäre mir schlaflos dessen gewiss, dass eben nichts zu machen sei.

Wie ein Spatz im Winterbusch

Sie sagt, sie fühle sich wie ein Spatz im Winterbusch. Ich treffe sie öfter auf meinem morgendlichen Gang zum Bäcker. Sie schaut dann immer drein, als ob sie ihren Mantel enger um sich zusammenziehen wollte, auch wenn sie gar keinen trägt, zum Beispiel im Sommer. Aber jetzt ist Winter. Und deshalb trägt sie einen Mantel, sodass man gleich merkt, dass sie nicht nur so tut, als ob sie ihn enger um sich zusammenziehen wollte. Denn: Sie fühle sich wie ein Spatz im Winterbusch. Die längste Zeit verstand ich nicht, was sie mir sagen wollte, bis ich, auf halbem Weg zum Bäcker, heute wieder einmal an dem ein wenig abseits stehenden Busch vorbeikam. Man braucht bloß ein paar Schritte zur Seite zu tun, weg von der Zivilisation, und da steht er, der Spatzenbusch. Er ist voller Spatzen, die in ihm einen Riesenwirbel veranstalten, als ob sie eine Endlosparty feierten: Geflatter, Gehupfe, Getschilpe. Heute stockte ich vor dem Busch. Das ganze Jahr über, außer im Winter, strotzte der Busch voller Blätter und Blüten, die den Spatzen eine dichtgrüne Deckung gaben; nur das Tschilpen verriet sie. Jetzt standen die nackten Zweige durcheinander. Aber die Spatzen schienen nicht zu bemerken, dass jeder, der am Busch vorbeikam, sie bei ihrem Treiben sozusagen „nackt" beobachten konnte. Ich war ein ganz klein wenig geniert, weil ich plötzlich zu verstehen glaubte, wie es ist, wenn man sich „wie ein Spatz im Winterbusch" fühlt. Doch die Pointe: So eben fühlt sich kein Spatz. Glückliches Volk!

Wertvoller als alles, was gerade ist

„Nichts ist mehr so, wie es einmal war", sage ich. „Na und?", sagt mein ungerührtes Gegenüber, das, genauer besehen, niemandes anderes ist als mein Alter Ego. Als solches habe ich die besten Gründe für mich. Ich brauche mir diese Gründe nicht aufzuzählen. Ich kenne sie auswendig. Nie hat es die gute alte Zeit gegeben. Die Dinge, die vergangen sind, waren nicht besser als die Dinge, die sind. Die gute alte Zeit ist immer jetzt, falls die Zeit, die jetzt ist, eine gute Zeit ist. So räsoniere ich als mein eigenes ungerührtes Gegenüber. „Und die Zeit, die jetzt ist, ist keine so schlechte, nicht wahr?" Ich habe eine ungesunde Hinneigung zur guten alten Zeit, die es nie gab. Das ist mein Proust-Komplex. Also werde ich den Satz „Nichts ist mehr, wie es einmal war" auf ein Blatt Papier schreiben, das Papier zerknüllen und in den Papierkorb werfen. Gedacht, getan! Die Sehnsucht nach der verlorenen Zeit – *entsorgt!* Und doch: Während ich als mein eigenes Gegenüber ungerührt bleibe, keimt das untröstliche Gefühl in mir, dass etwas verloren ging, was sich durch nichts mehr ersetzen lässt in diesem Leben. Gerade erst hat der Tag begonnen, an dem schon bald nichts mehr sein wird, wie es einmal war. Auch dieser Tag nicht. „Und das", so antworte ich nun meinem ungerührten Gegenüber, „macht ihn wertvoller als alles, was gerade ist." Ich fische den zerknüllten Zettel aus dem Papierkorb und nehme mir vor, ihn auszubügeln, quasi als kleinen Akt der Wiedergutmachung an die verleugnete Sehnsucht …

Der glaubensmässig ausgeräumte Geschirrspüler

Als ich heute Morgen den Geschirrspüler öffne, um das schmutzige Frühstücksgeschirr einzuräumen, stelle ich fest, dass der Geschirrspüler bereits eingeräumt ist. Da ich ihn, wie ich mich zweifelsfrei zu erinnern glaube, gestern Abend ausgeräumt habe, stehe ich vor einem Rätsel: Wie kann es sein, dass sich der Geschirrspüler über Nacht anfüllte, ohne dass es dafür eine natürliche Erklärung geben sollte? Weder ich noch meine Frau pflegen zu schlafwandeln mit dem Ziel, den ausgeräumten Geschirrspüler einzuräumen. Unsere Wohnungstür war die ganze Nacht abgesperrt; außer mir und meiner Frau war niemand in der Wohnung. Wie also konnte sein, was offensichtlich der Fall war? Eine übernatürliche Erklärung kam nicht infrage, dazu war der rätselhafte Fall eines Geschirrspülers, der sich über Nacht selbst vollfüllte, denn doch zu banal. Also was dann? Da fiel es mir wie Schuppen von den Augen: Zu jedem glaubensmäßig ausgeräumten Geschirrspüler gehört als wohlbelegte Küchenweisheit dazu, dass so ein Geschirrspüler – weil längst wieder vollgefüllt mit schmutzigem Geschirr – ein Geschirrspüler ist, der längst wieder zum Ausräumen bereitsteht. Also mache ich mich jetzt daran, meinen glaubensmäßig ausgeräumten Geschirrspieler, der jedoch längst wieder zu den real vollgefüllten gehört, realiter auch wieder auszuräumen. Und weil ich nun ebenfalls begreife, dass dies die Ordnung der Dinge ist, tue ich, was ich tue, aus dem guten Gefühl heraus, mit mir und der Welt im Einklang zu sein.

WAS FÜR DIE WELT REICHEN MUSS

Überall wird öffentlich gewehklagt: *Public Crying*. Begonnen hat es mit Lady Di. Als diese an der Schulter ihres Geliebten im Auto zu Tode kam und dann, beim Begräbnis, Elton John sein *Candle in the Wind* anstimmte, da weinte die ganze britische Nation um die „Prinzessin der Herzen", weshalb sogar die untadelige Queen ihr Haupt beugen musste, um vom Königshaus weiteres Ungemach abzuwenden. Seither wird bei jeder Gelegenheit öffentlich gewehklagt, regelmäßig für Leute, die man nicht kennt, das letzte Mal angesichts der Terroropfer von Paris, und dieses Mal, wie schon beim Anschlag auf *Charlie Hebdo*, länderübergreifend, europaweit, weltweit. Bin ich hartherzig? Was mich betrifft, so bin ich ein *Dream Weeper*. In meinen Träumen weine ich laut und ungeniert, ich schütte mein Herz in die Nacht hinein aus. Das reicht aber nicht, sagte erst neulich mein Lieblingspsychiater, der das öffentliche Weinen „kathartisch" nennt. Man dürfe nicht in sich hineinweinen. „Heraus damit!", rief er mir aufmunternd zu, und dabei konnte er schon fast selber nicht mehr an sich halten und bekam wässrige Augen. So ein weichherziger Mensch, denke ich mir heute Morgen, als ich im Radio höre, dass ein berühmter Schauspieler, der mich seit meiner Kindheit durchs Leben begleitete, gestorben ist. Jetzt wäre der richtige Zeitpunkt, um das Fenster aufzureißen und laut in die Welt hinauszuweinen. Stattdessen schnäuze ich mir nur laut die Nase, das muss für dieses Mal reichen, soweit es die Welt betrifft.

Und das war das

An der Busstation, es hat Minusgrade, die Wartenden treten von einem Fuß auf den anderen. 7 Uhr 30, ich bin eine Stunde zu früh. Ich weiß, dass ich eine Stunde zu früh bin, aber jetzt ist es zu spät. Der Mann neben mir sagt: „Man kann nur warten." Und die Frau neben mir sagt: „Man könnte sich aber auch beschweren." Ich weiß nicht, worüber sich die beiden eigentlich unterhalten. Das macht mich noch gereizter, als ich es ohnehin schon bin. Uns allen kommen beim Atmen weiße Wölkchen aus der Nase. Der Mann neben mir erwidert der Frau: „Was hätte es für einen Sinn, sich zu beschweren, wenn man doch nur warten kann?" Worauf die Frau erwidert, indem sie ein besonders dichtes weißes Wölkchen vor ihrer Nase produziert, sozusagen ein Schnaubwölkchen: „Beschweren würde nichts kosten, oder?" Darauf der Mann, indem er ein noch größeres Wölkchen herausschnaubt: „Aber warten auch nicht!" Da habe ich den philosophischen Drang, mich, von einem Fuß auf den anderen tretend, in diesen Dialog einzumischen. Mir ist regelrecht existenziell zumute. Ich sage also, indem ich mich an beide Gesprächspartner gleichzeitig wende: „Obwohl ich eine Stunde zu früh bin, ist es jetzt zu spät." Die beiden schauen mich an, die weißen Wölkchen vor ihrer Nase haben sich zu einer Schnaubwolke vereinigt. Sonst nichts. Da kommt der Bus, Richtung Urnenfriedhof, mit Zwischenstation Universität. Ich denke: „Das war das." Und das war dann das, und mir ist regelrecht existenziell zumute.

Meine kleine Verzweiflungsgeschichte

Ich sitze vor meinem Frühstückskaffee und der Zwang, einfach vor mich hin zu starren, ist überwältigend. Also starre ich vor mich hin, während mein Kaffee langsam kalt zu werden beginnt. Das aufgebackene Frühstücksbrötchen bleibt liegen, die Butter wird nicht angerührt. Nicht, weil mir das Leben nichts mehr zu bieten hätte, starre ich vor mich hin. Nein, ich kann nicht zu starren aufhören, weil mir die Bedeutung meines Starrens unerklärlich bleibt. Ich starre sozusagen auf mein Starren oder – wie soll ich sagen? – in mein Starren hinein. Aber nichts passiert. Ich starre vor mich hin, ohne dass diese Geste der Verzweiflung – das ist eine Geste des Vor-sich-Hinstarrens doch üblicherweise, oder? – etwas zu bedeuten hätte. Dadurch werde ich mit der hochphilosophischen Frage konfrontiert, ob eine Verzweiflungsgeste, die nichts bedeutet, überhaupt eine ist. Wäre ich *wirklich* verzweifelt, ich müsste doch über eine benennbare Sache verzweifelt sein, nicht wahr? Also entschließt sich etwas in mir – ich selbst bin ja, als Vor-mich-hin-Starrender, außerstande, mich zu entschließen –, über das langsame Erkalten meines Kaffees verzweifelt zu sein. Dieser unpersönliche Entschluss hat zur Folge, dass ich meinen langsam kalt werdenden Kaffee anstarre. Und was passiert? Er starrt lauwarm zurück, mit dem Ergebnis, dass ich den Lauwarmen in einem Zug austrinke. Und dies ist auch schon das Ende meiner kleinen Verzweiflungsgeschichte. Ich finde, es hätte gar nicht besser enden können.

Die Welt ist genug

Die Welt ist nicht genug. *The World is not enough*, das ist der Titel jenes James-Bond-Filmes, der mir gerade einfiel, als ich vom Fenster aus wieder einmal die alte hüftschwache Frau beobachtete, die sich zur Morgenmesse durch die schwere Kirchentür quälte. Die alte Frau müsste eigentlich schon tot sein. Das ist ein grausamer Gedanke, den nicht ich denke. Es denkt. Es denkt in mir. Das kommt jetzt immer häufiger vor. Je mehr ich mir schon gedacht habe in meinem Leben, über dies und das und viele Dinge mehr, umso weniger bin noch ich es, der denkt. Heute also, beim Anblick der hüftschwachen alten Frau, die gerade im dunklen Türspalt verschwindet, denkt es in mir, dass die Welt nicht genug sei. Die Sehnsucht nach einer Geborgenheit, einer Heimat, aus der uns keiner mehr vertreiben kann, hat sich bei mir zu einem Gedankenautomatismus verselbständigt. Wenn darin das Wesen des Glaubens liegt, dann ist der Glaube ein Maschinchen, das abläuft, sobald man zu müde oder zu trübsinnig geworden ist, um sich selbst anstrengen zu wollen. Bin ich bereits zu müde oder zu trübsinnig, um an das Übernatürliche zu glauben – an das Haus unseres Vaters, das viele Zimmer hat? Wahrscheinlich. In das Haus unseres Vaters gelangt man, denke ich jetzt, durch eine schwere Kirchentür, nicht ohne Quälerei. Da fällt mir plötzlich auf, dass ich diesen Gedanken gerade selber dachte! Und jetzt ist mir auch die Welt wieder genug, und die alte hüftschwache Frau ist unsterblich geworden.

Der 22. Jänner 2016

Unsere Regierung hat beschlossen, dass wir in diesem Jahr 37.500 Asylsuchende aufnehmen, nicht mehr und nicht weniger. Ich las diese Zahl vorgestern, während ich im Warmen saß, bei einer Tasse Darjeeling, First Flush, mit Blick auf die ersten Märzenbecher aus einem holländischen Glashaus, in einer Vase mit chinesischen Mustern, gefertigt in Bangladesch, Frühlingsboten mitten im Winter. Als ich so dasaß, die Welt bei mir zu Hause, fragte ich mich: „Und was ist mit dem Siebenunddreißigtausendfünfhundertundeinten?" Gestern, in meiner Vorlesung zur Ethik, diskutierte ich mit meinen Studenten (davon zwei Drittel Studentinnen) die Frage des Siebenunddreißigtausendfünfhundertundeinten. Bedenken hin, Bedenken her. Am Schluss kam heraus: Ein Toter. Wir lassen ihn nicht herein, und die, die ihn schon bei sich hereingelassen haben, sind ihrer Menschenpflicht nur unter der Voraussetzung nachgekommen, dass wir ihn bei uns hereinlassen werden. Wir lassen ihn aber nicht herein. Fazit: 1 Toter, im Niemandsstreifen zwischen zwei Ländern verstorben oder auf der Schwelle mit Wasserwerfern zur Eissäule gehärtet oder mit gebrochenem Herzen liegengeblieben oder ... Heute, beim Frühstück, lese ich im Gedicht von Georg Trakl die Zeile: „Schmerz versteinerte die Schwelle." Und dann lese ich: „Da erglänzt in reiner Helle / Auf dem Tische Brot und Wein." Das Gedicht heißt *Ein Winterabend*, es ist die 2. Fassung (man soll in solchen Dingen genau sein), wir schreiben den 22. Jänner 2016.

Flamingos am Winterhimmel

Gestern sah ich mir im Fernsehen eine sogenannte Natursendung an – ich weiß nicht mehr über welchen See in welchem Land. Egal, ich sah Scharen von Flamingos unter einem sehr hohen Himmel auf einem Bein im Wasser stehen, ihr prachtvolles Gefieder zur Schau stellend. Schnitt. Die Kommentatorin sagte, während die Vögel mit ihren großen krummen Schnäbeln das Wasser durchsiebten (man konnte im Hintergrund das dichtgrüne Ufer des Sees sehen, meine Nase begann zu träumen), dass Flamingos weder einen Geschmacks- noch eine Geruchssinn hätten. Da ging mir die unwirsche Frage durch den Kopf, warum die sogenannte „wissenschaftliche Betrachtung der Welt" immer alles verderben müsse. Sie ist der Seelenaustreiber schlechthin. Heute Morgen dann, als ich einen Blick aus dem Fenster werfe, sehe ich den Himmel in seiner zarten Pracht: Über ein wässriges Blau haben sich weitausschwingende flamingofarbene Bänder gelegt, ein Schauspiel, das an sehr kalten Wintertagen den Sonnenaufgang ankündigt. Doch gleich ist mir alles verdorben. Es gibt, „wissenschaftlich betrachtet", keine Wahlverwandtschaft zwischen den Dingen! Und dabei sehe ich doch die Flamingos, wie sie einen flüchtigen Moment lang zart am Himmel glänzen. Aber ohne Geruch und Geschmack? Unwirsch reiße ich das Fenster auf. Ach! Die Kälte in meiner Nase schmeckt nach einem Wintermorgen und der Geschmack auf meiner Zunge riecht nach Schnee. Am Himmel verblassen bereits die Flamingos. Lebt wohl, ihr schönen Seelen!

Meine Welt des Stehsatzrepertoires

Als E., meine ältere Enkeltochter, die heute „kindergartenfrei" hatte, morgens durch unsere Wohnungstür stürmte, gefolgt von meiner jüngeren Enkeltochter H., da war sie ganz aufgewühltes Meer, windgepeitscht unter Donner und Blitz. Sie rannte vom Vorzimmer ins Wohnzimmer, von da aus in die Küche, drehte schnaubend auf dem Absatz um und rannte denselben Weg zurück, in jedes Zimmer extra hinein und wieder heraus, Arbeitszimmer, Kinderzimmer, Schlafzimmer, wobei sie immerfort denselben Satz repetierte: „Ich muss mich erst wieder einmal beruhigen!" H. rannte, sie nachäffend, hopsend hinter ihr her. Offenbar hatte es heute im Haus meiner Tochter vor der Abreise zu uns, den Großeltern, eine Turbulenz gegeben. Vielleicht war der Wohnungsschlüssel unauffindbar gewesen und dann war der Autoschlüssel, der sich zunächst anstelle des Wohnungsschlüssels hatte finden lassen, verloren gegangen, sodass mein Schwiegersohn schließlich weder den einen noch den anderen unter all den Sachen finden konnte, die einer geordneten Abwicklung des frühmorgendlichen Schlüsselsuchbetriebs im Wege lagen. Als ich E., mit H. im Schlepptau, nach einer Weile fragte, ob sie sich denn fürs Erste nicht wieder beruhigt hätte, gab sie mir einen anderen Stehsatz stoisch zur Antwort: „Ich bin nie ruhiger gewesen", gefolgt von H.s stoischem Echo: „Nie." Ich musste die beiden abbusseln. Ihre Mimikry elterlichen Ungemachs hatte meine Welt des Stehsatzrepertoires neu werden lassen: Wiedergeburt des abgedroschenen Lebens.

SCHON WIEDER ZU SPÄT!

Irgendwann – man könnte sagen, es dauert schon mein ganzes Leben lang – war ich zu spät dran. Es begann damit, dass ich zu spät auf die Welt kam, setzte sich in dem täglichen Drama des Zu-spät-Aufstehens und Zu-spät-Einschlafens fort und wurde durch den ständig wiederholten Satz meiner freundlich stirnrunzelnden Lehrer besiegelt: „Er ist eben ein Spätentwickler." Nachdem ich mich sogar als Spätentwickler nicht zeitgerecht entwickeln wollte, noch immer nicht richtig zu den anderen „aufgeschlossen" hatte und meine Fähigkeiten, die man mir keineswegs absprechen wollte, „schleifen ließ", pflegten die Gutmeinenden zu sagen, ich sei ein „Spätzünder". Das hörte sich für mich irgendwie pyrotechnisch an: Ich ging einfach nicht „richtig los", gloste bloß vor mich hin, als würde ich am Ende einer feuchten Zündschnur endlos darauf warten, endlich Funken zu fangen, loszuschießen und den anderen nachzusausen. Dann, eines Morgens, als ich schon wieder zu spät dran und ohne Hoffnung war, akkurat an diesem Tag womöglich die ganze Welt einzuholen, ja, wenn möglich, zu überholen, hatte ich eine Eingebung, die ich, kaum war sie mir in ihrer vollen Tragweite bewusst geworden, als „existenzialradikal" begrüßte: Zu spät zu sein – das eben war die Bestimmung meines Lebens, meine, um mit Aristoteles zu sprechen, Reifegestalt (*entelecheia*). Seither beginne ich jeden Tag mit der gutgelaunten Begrüßungsformel: „Da schau her, schon wieder zu spät!" Was so viel bedeutet wie: Gut gemacht!

IRGENDWIE NEBEN DEM LEBEN

Als ich heute mit dem wieder einmal falschen Fuß aufstehe, muss ich an meinen Freund K. denken. Es ist nicht Unwissenheit, dass er im Leben immer ein wenig danebenliegt. Zum Beispiel: Obwohl er weiß, dass es keinen Gott und keine Seele gibt, steht – wie er sich ausdrückt – in seinem „Herzen" etwas gegen diese wissenschaftlich unbestreitbare Erkenntnis, die sich der gesunde Menschenverstand mittlerweile allgemein angeeignet hat. Im Grunde hat diese kleine geheime Abweichung K.s vom gesunden Menschenverstand, der von der Wissenschaft belehrt wurde, keinerlei Konsequenz für K.s Leben „Er liegt eben", heißt es aus Freundeskreisen, „im Leben immer ein wenig daneben". Aber K. weiß – und ich weiß es auch –, dass die Sache schwerer wiegt. „Summa summarum heißt es, indem ich im Leben immer ein wenig daneben liege, dass ich nicht *richtig* liege", sagte K. erst neulich zu mir. Und dabei klang er wie einer, der außerstande ist, ins Leben *vorzudringen*. Augenzwinkernd betonte mein Freund, dass er im Gegensatz zu mir immerhin stets mit dem richtigen Fuß aufstehe – was aber, so fuhr er gleich fort, auch bloß ein Zeichen dafür sei, dass er im Leben immer ein wenig daneben liege. Denn wenn man morgens, statt mit beiden Beinen aus dem Bett zu springen, bloß mit einem Fuß aufstehe, dann sollte dies, laut allgemein anerkannter Lebensweisheit, eben wenigstens der falsche sein, nicht wahr? „Eben", denke ich jetzt bei mir und bin froh, heute wieder einmal nicht mit dem richtigen Fuß aufzustehen.

DIE KUNSTPAUSE DER MORGENPREDIGERIN

„Niemand sollte allein sein", sagt die Morgenpredigerin im Radio, und dann macht sie eine Kunstpause und sagt: „Niemand ist allein." Ich weiß, wie es jetzt weitergeht. Weil niemand allein sein sollte, ist niemand allein, denn Gott ist mit uns allen. Gott lässt niemanden allein. Beinahe hätte ich mich zu einem halblaut gemurmelten Protest des Inhalts hinreißen lassen: „Wer's glaubt, wird selig." Meine Lippen bewegen sich schon, da wird mir klar, was mich soeben verärgert hat. Es ist die Kunstpause der Morgenpredigerin. Es floss ihr nicht aus der Seele, was doch der Ausdruck ihres Glaubens hätte sein sollen: dass nämlich, weil etwas nicht sein soll auf Erden, es auch nicht ist. Der Sprung vom „Nichtseinsollen" zum „Nichtsein" ist ein eingeübter, nicht wahr? Das macht die Morgenpredigt wertlos. Es wäre die Pflicht der Morgenpredigerin, uns Sterblichen, die wir frühmorgens zwischen Filterkaffeemaschine, Elektroherd, Toaster und Geschirrschrank herumtaumeln, Hoffnung zu machen. Wir sind nicht allein bei unseren einsamen Hantierugen, die einen Tag einbegleiten, der uns wieder einmal nicht vom Übel erlösen wird, *obwohl* wir erlöst sein *sollten* (das Toastbrot wird verbrannt und die Frühstücksmilch klumpig sein). Die Kunstpause der Morgenpredigerin lässt mich hingegen wissen, was jeder, der *nicht* glaubt, ohnehin zu wissen glaubt: Alles nur Gerede! Es ist, wie es ist ... Mein Toastbrot wird gerade goldbraun und die Milch läuft sämig ins Kännchen. Es ist, wie es sein soll, und ohne Kunstpause.

Europas verlorene Unschuld

„Europa hat seine Unschuld schon längst verloren." Mit diesem Satz bin ich heute aufgewacht. Es war der Nachhall eines Vortrags, den ich mir gestern anhörte. Der Vortragende, der sich mehrfach als „realistischer Humanist in politischen Angelegenheiten" zu erkennen gab, wollte uns dreierlei bedeuten: Erstens, Europaromantiker mögen nicht so tun, als ob Europas Handeln nicht schon immer – und zwar in seinen besten Momenten – vom realistischen Humanismus bestimmt gewesen sei: Was getan werden müsse, das müsse getan werden! Und zweitens, wenn hier und heute Europa seine europaromantische Haltung aufgebe – die ohnehin nur von zwei, drei gutmenschlichen Ländern getragen worden sei –, um endlich zum realistischen Humanismus zurückkehren, sei dies keineswegs tadelnswert, im Gegenteil. Realistischer Humanismus bedeute eben hier und heute, keine Flüchtlinge mehr hereinzulassen und die, die schon da sind, möglichst rasch wieder loszuwerden. Schließlich brachte der Vortragende sein drittes Argument vor, dem sogar Zwischenapplaus gespendet wurde: „Europa hat seine Unschuld schon längst verloren." Für mich, der ich ein unbelehrbarer Verfechter der Unschuld als Tugend bin, war dies der Moment, um vor dem realistischen Humanisten schleunigst Reißaus zu nehmen. Und heute Morgen fühle ich mich unbehaglich. Mir passt es nicht, dass ich, ein Europäer, meine Unschuld schon längst verloren haben soll. Und wenn ich sie verloren hätte, dann wäre das erst recht kein Argument für irgendetwas, oder?

Die Furcht vor der Angst

Ob die feinen Unterschiede wiederkommen? Das fragt mich der Differentialsoziologe, der, weil er differentialsoziologisch denkt, davon überzeugt ist, dass die Zeiten schlechter werden, seit die feinen Unterschiede verschwinden. Als Beispiel nennt er mir den feinen Unterschied zwischen „Furcht" und „Angst". Er habe noch in der Schule gelernt – ich auch –, dass, wenn man sich *vor etwas* ängstige, man sagen müsse: „Ich fürchte mich." So etwa fürchte man sich vorm Schwarzen Mann. Hingegen sei die Angst nichts, was den Schwarzen Mann zum Gegenstand habe. Denn die Angst habe überhaupt nichts zum Gegenstand. Ängstige man sich, dann nicht vor etwas, sondern eben – *vor nichts*. Heidegger, der Seinsdenker, habe daraus eine Philosophie gemacht: Angst bedeute Hineingehaltenheit des wesenhaft sorgenden Daseins ins Nichts ... Als ich heute Morgen die Zeitung aufschlage, schaut mir der Differentialsoziologe über die Schulter. Kein Zweifel, der feine Unterschied zwischen Furcht und Angst hat wieder Saison. Man fürchtet sich vor den Fremden, die jetzt herumwimmeln (auch wenn man gerade keine sieht), während man sich vor dem, was sie bringen – man weiß nicht, was, nicht wahr? –, ängstigt. Oder sehe ich's zu simpel? „Angst essen Seele auf", sagte einst, 1969, Rainer Werner Fassbinders *Katzelmacher*. Und heute, 2016? Angst essen Seele auf, und zwar unsere, an deren Stelle der Stacheldraht tritt, mit dem wir unsere Furcht nähren. Das ist der feine Unterschied im christlichen Jahr der Barmherzigkeit.

Sich in der Leere des Lebens einrichten

Unsere alleinstehende Freundin – geschieden, keine Kinder, Eltern tot – rief gestern spätabends an, und zwar mit der Bitte, bei uns übernachten zu dürfen. Auf unsere besorgte Frage, was passiert sei, wollte sie nicht antworten. Sie kam, seufzte tief und legte sich gleich in unser gemachtes Gästebett. Heute Morgen, beim gemeinsamen Frühstück, platzt unsere Freundin damit heraus, dass sie „immer noch davonlaufe". Sie sei schon ihr ganzes Leben lang davongelaufen. Wir springen ihr sofort bei, mit Worten und Anteilnahme. Wir versichern ihr, es gäbe nichts, wovor sie davonlaufen müsse. Geschieden, keine Kinder, Eltern tot – das sei gewiss nicht leicht, und ja, ein bisschen schon – „wie zum Davonlaufen". Aber es sei doch niemand hinter ihr her? Oder?? Und dabei schauen wir drei einander vielsagend an, denn wir wissen, worum es sich handelt: Unsere Freundin läuft vor der Leere davon, die stets ein Teil ihres Lebens war. Zeit ihres Lebens hatte sie diese ihre Lebensleere weder auszufüllen noch sich mit ihr abzufinden vermocht. Da sagt meine Frau, während sie sichtlich beiläufig die Zeitschrift *Schöner Wohnen* zur Seite räumt: „Hast du dich in der Leere deines Lebens erst einmal wohnlich eingerichtet, dann brauchst du vor ihr auch nicht mehr davonzulaufen." Unsere Freundin erwidert, auflachend, daran habe sie bis jetzt gar nicht gedacht. Und gleich vereinbaren sie und meine Frau einen Gang ins Möbelhaus. Ich bin philosophisch perplex. So also löst man Lebensprobleme.

Schau im Traum 's Paradies

Ich dämmre vor dem ausgeschalteten Fernseher vor mich hin und versuche, mir vorzustellen, wie es sein wird, wenn ich am Morgen wieder erwache. Dafür gibt es keinen guten Grund. Aber muss es für alles einen guten Grund geben? Als ich noch ein Kind war, hatte mir meine Großmutter des Öfteren ein Gedicht vorgesagt, auch vorgesungen (oder doch eher vorgesummt), das mit den Zeilen endete: „Morgen früh, wenn Gott will, wirst du wieder geweckt." Damals, in meinem Bett, über dem die billige Schutzenglein-Reproduktion hing, waren diese Worte ein – wie ich heute, alt und sperrig geworden, sagen würde – Seligkeitsversprechen. Das muss an den Zeilen gelegen haben, die so lieblich klangen, obwohl ich sie damals gar nicht richtig verstand – oder gerade deswegen –, und auch an der schönen Wiegenliedmelodie Brahms: „Guten Abend, gut' Nacht, mit Rosen bedacht, mit Näglein besteckt, schlupf unter die Deck." Dass ich am Morgen wieder geweckt werde, wenn Gott will, das stimmt mich auch heute noch, vor dem ausgeschalteten Fernseher vor mich hindämmernd, ein wenig selig. Seltsam. Es sind die Rosen, die „Näglein", es ist „die Deck", unter die man abends „schlupft", die mich an Gott als den „lieben Gott" denken lassen, der mich am Morgen wieder wecken wird. Wenn er will … Na ja, sicher ist sicher, ich krieche zu meiner Frau ins Bett und sage zu ihr: „Weck mich morgen, bitte." Und sie sagt nichts, denn sie schläft schon, und da fällt mir ein: „Schlaf nun selig und süß, schau im Traum 's Paradies."

Glück gehabt!

Es passiert mir jetzt öfter: Schatten, die in der Wand versickern. Ich habe gerade ein Manuskript über die *Ontologie des Teufels* beendet. Die Schreiberei war philosophisches Extremsurfen. Denn ich bin einerseits keiner, der im Vatikan einen Exorzismuskurs belegen wollte; aber andererseits wäre es mir auch nicht richtig vorgekommen, den Teufel einfach in die Kasperlkiste für geistig Minderbemittelte zu packen. Und mein Teufelsthema tiefsinnig „anzulegen", indem ich mit hochgezogenen Augenbrauen ein abstraktes Prinzip Teufel postulierte, kam schon gar nicht in Frage. Derlei Einübungen ins Prinzipielle enden immer bei einer Phrasenmoral, die zu nichts verpflichtet. Es entspricht weniger meiner persönlichen Lebenserfahrung – Glück gehabt! – als den Bekanntmachungen aus der großen weiten Welt, dass der Ort, an dem ich mich, metaphysisch gesprochen, vorübergehend aufhalte, *The Devil's Party* ist. Irgendein teuflisches Virus breitet sich gerade in Südamerika „rasend schnell" aus, heißt es heute in den Morgennachrichten, und wieder sind an einer vermaledeiten Küste acht Pottwale verendet, keiner weiß, warum. Das sind apokalyptische Vorlaufbewegungen, die es seit dem Anbeginn der Welt gibt. Jetzt, nach Beendigung meines Manuskripts zur *Ontologie des Teufels* kommt mir im Zwielicht des heraufdämmernden Tages vor, dass ein Schatten in der Wand versickert. Ich bemerke es aus den Augenwinkeln, gerade eben ist es wieder passiert. Was soll ich mir dabei denken? Ich denke mir: Glück gehabt!

Umso schlimmer für die Tatsachen

Draußen ist es noch stockdunkel. Mir träumte, ich hätte alles falsch verstanden. Ich mache Licht in meinem Arbeitszimmer. Habe ich alles falsch verstanden? Ratlos gleitet mein Blick über den kleinen Schrank mit den vielen Büchern, die ich geschrieben habe. An einem Buch mit dem Titel *Ratlosigkeit* bleibt er hängen. Das Cover ziert ein Bild von Kasimir Malewitsch. Inmitten einer leeren Landschaft stehen, leicht gegeneinander geneigt, fünf unterschiedlich große Häuser. Sie erinnern – weiße Fassaden ohne Fenster und Türen, draufgesetzt jeweils ein schwarzes Dach – irgendwie an wacklige Zähne. Der Klappentext zum Buch lautet: *Neu hingegen ist die Utopie der Ratlosigkeit. Wo es nichts mehr zu retten, nichts zu erobern gibt (höchstens die Eiswüsten des Mars), dort beginnt man innezuhalten. Man beginnt, dem Gemurmel aus der Tiefe der Zeiten nachzulauschen. Dem Bewusstsein des Verlusts mag Neues entspringen, weniger besitzergreifend, weniger fortschrittsbesessen, weniger ausgebrannt. So wird die Ratlosigkeit zum Seelentrost in der entseelten Welt.* Habe ich alles falsch verstanden? In Sachsen, und nicht nur dort, soll Pogromstimmung gegen Flüchtlinge herrschen, Asylantenheime werden in Brand gesteckt. Da blicke ich mich um in der Stille meines Arbeitszimmers, ratlos. Ich höre Gemurmel aus der Tiefe der Zeiten. Hegel soll auf den Vorhalt, seine Philosophie stimme mit den Tatsachen nicht überein, geantwortet haben: „Umso schlimmer für die Tatsachen." Ach Hegel, du alter Seelentröster!

NICHT VON HIER

Ich öffne das Fenster, das auf die Ausfahrtsstraße hinausgeht, die unter meinem Haus vorbeiführt. Es hat geregnet, daher klingt das Geräusch der Autoreifen besonders nahe. Dieses Geräusch ist mir ebenso vertraut wie der Anblick der Kirche neben dem Karmelitinnenkloster gleich hinter der Straße. Ich warte darauf, dass sich die Kirchentüre einen Spalt öffnet, um einen Besucher einzulassen. Da die Straßenlampen noch ihren gelblichen Schein verbreiten, glänzt das Kirchenportal, als ob dort jemand erwartet würde. Es kommt aber niemand. Die hüftschwache Frau, die sich früher jeden Tag die paar Kirchenstufen zum Eingang hinaufquälte, ist schon seit Längerem nicht mehr aufgetaucht. Die Kirchentüre bleibt geschlossen. Ich spiele mit dem Gedanken, selbst hinüber zu gehen, es ist ja nur ein Katzensprung. Aber ich bewege mich nicht, schaue bloß weiter aus dem Fenster, durch das die kalte Luft von den Vorstadtbergen rundum einsickert. Der zarte Geruch von Schnee weckt ein unbestimmtes Fernweh. Das Fernweh scheint mir zu bedeuten: „Du bist nicht von hier." Da fällt mir ein, dass ich noch nie das Innere der Kirche – das Dunkel dort drüben – betreten habe. Und jetzt, am Fenster stehend, umweht von zartem Schneeduft, weiß ich, dass es so bleiben wird. Nie werde ich das Innere des Gotteshauses betreten. Das käme mir vor, als wollte ich ganz von hier sein: ein Exilverleugner und Geheimnisusurpator. So aber bleibe ich draußen und bin zuhause in der fremden Welt.

WIE VON ZAUBERHAND

Der Fasching geht zu Ende, heute soll im Kindergarten ein Zauberer auftreten. Daher begleite ich – als einzige Begleitperson noch grippefrei – meine ältere Enkeltochter E. zum Kindergarten. Sie zappelt, ist voll nervöser Vorfreude. Und H., meine jüngere Enkeltochter, zappelt eifrig mit. Wir sind zu früh dran, stehen vor verschlossener Kindergartentüre. Inzwischen übt E. einige Zaubersprüche der Lillifee, die mir alle an den Haaren der Lillifee-Industrie herbeigezogen zu sein scheinen. Mir reicht „Simsalabim!", was ich einem jungen Vater anvertraue, der mit seiner Tochter (beide zappeln) ebenfalls wartet. Der Vater aber, ungefähr ein halbes Jahrhundert jünger als ich, gehört zu jener Sorte, die in ihrem pädagogischen Eifer alle Lillifee-Zaubersprüche auswendig gelernt haben. Das wiederum frustriert seine Tochter, die nur auf ihren vollen Vornamen, Anne-Sophie Maria Magdalena, hört. Anne-Sophie Maria Magdalena rächt sich, indem sie ihren Zaubersprüche klopfenden Vater andauernd korrigiert. Keinen einzigen kann er richtig hersagen. Schließlich beteuert er, ein gekränkter Lillifee-Experte: „Anne-Sophie Maria Magdalena ist schon richtig erwachsen." Meine Enkeltochter E. scheint Mitleid mit dem gekränkten Papa zu haben, denn sie sagt ihm einen Zauberspruch vor, welchen auch er wird fehlerlos nachsagen können: „Simsalabim!" Und ihre jüngere Schwester H. bringt die Sache wieder einmal auf den Punkt: „Bim!" Na also – die Kindergartentüre öffnet sich wie von Zauberhand.

Es wird mir gleich wieder einfallen

Gestern, als ich zusammen mit meiner Frau im Fernsehen einen Film anschaute, den ich schon ein halbes Dutzend Mal gesehen hatte – es ging um einen Mann, der sich dafür rächen wollte, dass man ihn „höher gehängt" hatte –, wollte meiner Frau, die das Schicksal des Höhergehängten eigentümlich kalt ließ, der Name des Hauptdarstellers partout nicht einfallen. Sie fragte mich, wie denn dieser Höhergehängte heiße. Da wusste ich nicht mehr, was ich einen Augenblick vorher noch gewusst hatte. Ich sagte zu meiner Frau: „Es wird mir gleich wieder einfallen." Darauf erwiderte sie: „Das sagst du immer." Jetzt hatte sie meinen Erinnerungsehrgeiz angestachelt. Ich sagte also: „Das ist der Schauspieler, der in dem Film spielt, in dem er sich am Schluss für einige Asiaten opfert, es wird mir gleich wieder einfallen, wer die waren und wie der Film hieß, darin führte er ja selbst Regie, oder etwa nicht? Na, jedenfalls wird es mir gleich wieder einfallen." Ich wachte dann noch mitten in der Nacht auf und dachte mir: „Was war es doch gleich, dass mir gestern gleich wieder hätte einfallen sollen?" Und schlief wieder ein bei dem beruhigenden Gedanken, dass es mir gleich wieder einfallen werde. Heute Morgen fühle ich mich regelrecht erleichtert: Solange die Summe all dessen, was mir gleich wieder einfallen wird, stetig anwächst, darf ich hoffen, eines nicht allzu fernen Tages unbelastet vom Ballast allen Wissens zu sein, ohne es doch entbehren zu müssen. Denn es wird mir ohnehin gleich wieder einfallen.

Die Hoffnung stirbt zuletzt

Ein guter Bekannter hat einen fünfzehnjährigen Sohn, dessen Deutschlehrer es sich in den Kopf gesetzt hat, seine Klasse eine Hausarbeit zu dem allerdümmsten Thema für hormongeplagte Fünfzehnjährige schreiben zu lassen. Früher sprach man von „Besinnungsaufsatz" … Egal, der gute Bekannte rief mich an, um mich zu bitten, ihm einige „Stichworte" zu geben, die er seinem desperaten Sohn weitergeben könnte, warum – so das Thema der reflektierend zu gestaltenden Hausarbeit – die Hoffnung zuletzt sterbe. Während ich mich heute Morgen, auf meinem Weg zum Bäcker, darüber ärgere, dass mir partout keine Stichworte einfallen wollten (wofür ist ein Philosoph eigentlich gut, wenn ihm zur Frage, warum die Hoffnung zuletzt sterbe, partout kein einziges Stichwort einfallen will?), kommt mir der Sohn meines Bekannten entgegen, der gerade zur Schule unterwegs ist. Ich will mich schon bei ihm entschuldigen, als er mir versichert, wie dankbar er mir dafür sei, dass ich seinem Vater kein einziges Stichwort zum Thema „Die Hoffnung stirbt zuletzt" geliefert habe. Denn dadurch erst sei er in die rechte Besinnungslage versetzt worden: Auch wenn sich nicht gleich ein Stichwort dafür finden lasse, warum die Hoffnung zuletzt sterbe, müsse deshalb noch lange nicht gleich die Hoffnung selbst sterben. Denn sie eben sei es, die zuletzt sterbe, mit oder ohne Stichwort, nicht wahr? „Genau, das wollte ich sagen", sage ich und spüre, dass in mir die Weisheit wächst wie das Unkraut, das sich nicht vertilgen lässt.

WEIL NICHT SEIN KANN, WAS NICHT SEIN DARF

Kürzlich wurde ich aufgefordert, mich zu erklären, worin für mich das Wesen der Philosophie bestehe. Denn wieder einmal war der Verdacht geäußert worden, ich wolle unter dem Deckmantel der Weisheitsliebe (*philosophia*) weismachen, dass nicht sein könne, was nicht sein dürfe. Als ich nun heute Morgen das Radio aufdrehte, schwappte mir aus den Nachrichten die ganze Kloake des gestrigen Tages und der heutigen Nacht entgegen: Scheußlich, scheußlich, scheußlich! Ich dachte mir, das kann nicht sein. Ich drehte den Fernseher auf. Die Folge: *da capo* – die ganze Kloake, bebildert und besprochen von einer Morgenkommentatorin, die andauernd über ihr ganzes Gesicht sphärisch lächelte, als ob sie mir den Weltfrieden zu offerieren hätte. Alles, was recht ist, dachte ich degoutiert, und stellte mir in Gedanken die Kommentatorin verhüllt vor, mit einem – wie heißt das Ding gleich? – Niqab oder einer ähnlich effektiven Gewandung. Kaum hatte ich mir diesen Gedanken ausgemalt, klammheimlich, da begann ich mich zu genieren für meine Gedankenentgleisung. Immerhin, die Entgleisung brachte mich auf die rechte Bahn zurück: Die Antwort betreffend die Frage, worin das Wesen der Philosophie bestehe, gründet in der Erkenntnis, dass nicht sein könne, was nicht sein dürfe. Ergo: Wer die Weisheit liebt, wird alle Seelen- und Herzensgründe mobilisieren, um zu beweisen, dass das, was ist, nicht *wirklich* wirklich ist. Und schon mag ich das sphärische Weltfriedenslächeln der Morgenkommentatorin.

Der Traum von der schlaflosen Nacht

Mir träumte, ich hätte die ganze Nacht über kein Auge zugetan. Als ich dann um 7 Uhr 30 erwachte – was für meine Begriffe, die Begriffe eines Bettflüchters, reichlich spät war –, wusste ich nicht recht, ob ich noch einen kleinen Erholungsschlaf von der anstrengenden Nacht nehmen oder mich frisch und munter fühlen sollte. Einerseits war ich mir restlos sicher, dass ich die ganze Nacht an keiner Schlaflosigkeit gelitten hatte, denn es gab beim Aufwachen für mich keinen Zweifel daran, dass ich bloß geträumt hatte, ich hätte die ganze Nacht über kein Auge zugetan. Andererseits, hatte man geträumt, die ganze Nacht über kein Auge zugetan zu haben, hatte man an einer zwar geträumten, aber eben doch an einer Schlaflosigkeit gelitten, nicht wahr? Der Verstandesmensch in mir wandte dagegen ein, dass eine geträumte keine wirkliche Schlaflosigkeit sei; doch der Verstand ist nicht alles. Mir kam vor, dass, hätte ich nicht geträumt, die ganze Nacht über kein Auge zugetan zu haben, ich beim Erwachen besser ausgeschlafen gewesen wäre. Über derlei Grübeleien schlief ich noch einmal ein und träumte, ich hätte bloß geträumt, die ganze Nacht über kein Auge zugetan zu haben. *Bloß!* Jetzt, da ich kurz nach 8 Uhr wieder wach bin, sollte ich mich frisch und munter fühlen, wäre da nicht jener Zweifel geblieben, der besagt, man habe *bloß* geträumt, dass man *bloß* geträumt habe, man hätte die ganze Nacht über kein Auge zugetan. Sinnlos, jetzt noch einmal einschlafen zu wollen, um die Lage zu klären.

Mikropolitik: Jetzt, hier, amen!

Während ich gutgelaunt den Filter in die Kaffeemaschine setze und mit einem Löffel munter Kaffee in den Filter schaufle, bricht hinter mir im Radio gerade die Börse zusammen. Es geht nach unten, es gibt kein Halten mehr, das muss mich etwas angehen! Denn der Sprecher sagt, dass das – *das!* – uns alle etwas angehe, weil es uns alle in den Untergang reißen könnte. Wir hängen da irgendwie alle zusammen. Wenn ich also will, dass das Wasser in meiner Kaffeemaschine weiterhin durch den Filter läuft, dann muss es mich interessieren, dass gerade wieder einmal die Börse zusammenbricht, ja, die Börsen rund um den Globus, die alle irgendwie zusammenhängen. Gleich wird meine Frau aus dem Badezimmer kommen und sich zum Frühstückstisch setzen, und dann soll es duftenden Filterkaffee geben und knusprige Brötchen. Also *muss* ich mich dafür interessieren, dass die Börsenwelt zusammenbricht, aber es interessiert mich *nicht*. Denn es geht mich nichts an. Und das ist die Wahrheit, meine Wahrheit dieses Morgens, den ich friedlich beim Frühstück zusammen mit meiner Frau verbringen möchte. Radio aus! Brötchen aufbacken, einige Blicke hin zu meinen hellauf blühenden Orchideen, so, „als ob nichts wäre": In den 1980ern hätte man, glaube ich, meine kleine häusliche Subversion, den globalen Tumult betreffend, „Mikropolitik" genannt. Mir soll's recht sein. Noch ein cleveres Wort dafür, dass ich nichts tun kann gegen den morgendlichen Weltuntergang, außer passioniert Frühstück zu machen. Jetzt, hier, amen!

Der Spatz der Minerva

Nach Hegel soll ja die Eule der Minerva erst in der Dunkelheit zu fliegen beginnen. Daran muss ich heute Morgen denken, als ich aus dem Haus gehe, um einen kleinen Spaziergang zu machen. Ich bin Hegel dankbar für seine – wie soll ich sagen? – Seniorenperspektive der Philosophie. Philosophie ist etwas für alte Männer. Sie ist eine Grau-in-Grau-Disziplin, bestens geeignet für den Zustand des alten Kopfes, der sich überhaupt erst in der Dämmerung, kurz vorm Einnicken im Fernsehsessel, entschließen kann, einen müden Gedanken über das Gewesene zu fassen. Es wird ja naturgemäß nichts besser! Ergo: Es wird wohl niemand von mir verlangen, schon morgens, da noch gar nichts so richtig gewesen ist, einen philosophischen Gedanken zu fassen, nicht wahr? So schreite ich also, Hegel sei Dank, ohne den geringsten philosophischen Gedanken aus, als ich plötzlich vor dem übermannsgroßen Busch stehe, den ich bei mir „Spatzenbusch" nenne. Darin dämmert nicht die Eule der Minerva vor sich hin, sondern es herrscht ein Mordsgetümmel samt dem dazugehörigen munteren Morgengetschilpe, das sofort verstummt, als ich mich nähere. Weil der Busch jetzt, im Winter, keine Blätter trägt, sehe ich das Rudel der Spatzen, die sich hinter dem Nichtblätterzustand des Strauches glattweg für unsichtbar halten. Bitte, mir soll's recht sein, und jetzt kommt mir auch ein hellwacher philosophischer Gedanke, der dem alten Hegel gewiss nicht gefallen hätte: Wäre die Eule der Minerva doch bloß ein Spatz gewesen!

ORNITHOSOPHIE DES PARADIESES

Frühmorgens wieder vorbei am großen Spatzenbusch. Die muntere Horde, die sich jetzt, im Winter, dort tummelt zwischen dem blattlosen Astwerk – Futterspeicher in den Ästen schaffen ein paradiesisches Milieu –, bemerkt mich gleich. Sie wird mucksmäuschenstill. In den Spatzenköpfen sitzen kluge Augen. Die Spatzen sehen, dass man sie sieht. Doch in den Spatzenköpfen sitzt das dumme Gehirn. Es „weiß", dass man im dichten Blattwerk unsichtbar bleibt – und daran hält sich das dumme Gehirn, obwohl die klugen Augen etwas anderes melden: Kein Blattwerk! Diese meine ornithosophische Betrachtung vor dem großen Spatzenbusch weckt in mir den Sinn für eine existenzialistische Meditation, die um diese Zeit eigentlich fehl am Platz ist: Die Eule der Minerva beginnt ihren Flug in der Dämmerung. Egal. Ist der große Spatzenbusch nicht eine Metapher unseres Lebens? Nachdem wir das mythische Rankenwerk wissenschaftlich verdorren ließen – samt dem paradiesischen Garten inmitten der Schöpfung –, sehen wir nun durch die Sterne in eine feindliche, gravitationswellenverbogene Leere. Aber unser dummes Gehirn tut trotzdem so, als ob der Garten noch da wäre, irgendwie, und der gütige „Herr des Gartens" vorbeikommen könnte, um uns liebevoll anzuschauen. Erst jetzt fällt mir auf, dass ich mich einer sinnlosen Betrachtung hingebe (obwohl, sicher bin ich mir keineswegs), und gleichzeitig höre ich, dass die Spatzen wieder zu lärmen beginnen – als wäre ich nicht da. Und bin ich's denn?

KEINE ANGST VOR CROSSOVER-PHOBIEN!

Ich habe einen Freund, der ist akademischer Lepidopterologe mit Arachnophobie. Ein exzellenzuniversitärer Schmetterlingsforscher, dem vor Spinnen graut, warum nicht in unserer Zeit des Crossover? Vor einigen Tagen rief mich mein Freund zu nachtschlafender Zeit an, um mir mitzuteilen, dass der Beweis der Existenz von Gravitationswellen erbracht worden sei. Schlaftrunken fragte ich ihn (dabei flüsternd, um meine Frau nicht zu wecken), ob er wisse, wie spät es gerade eben sei. Er dozierte, wie spät es gerade eben sei, hänge davon ab, wie viele Gravitationswellen gerade eben durch unsere Uhren strömten, was wiederum davon abhänge, wie viele Schwarze Löcher vor so-und-sovielen Milliarden Lichtjahren „dort draußen" miteinander verschmolzen seien. Ich schaltete mein Handy ab, worauf mich mein Freund via Handy bei meinen Frühstückszubereitungsaktivitäten konsultierte, um mir mitzuteilen, er leide jetzt unter gravitationswellenängstlicher Spinnenangst. Er sei – das Wort habe er in hoher Sprachnot geprägt – ein „Gravitasflucturachnophobiker". Scheußlich, was soll ich sagen? Er ist mein Freund, daher sage ich – meinerseits in hoher Sprachnot –, dass, solange er kein „Gravitasflucturachnolepidopterophobiker" sei, er sich in unserer Zeit des Crossover exzellenzuniversitär keine Sorgen zu machen brauche. „Bist du ein *buddy*!", freut sich mein Freund, und da kann ich mich angesichts der gerade eben goldbraun aufgebackenen Frühstücksbrötchen – meine kleinen *buddies* – nur mitfreuen.

Mit eigenen Augen oder gar nicht

Ich bin ein leichtgläubiger Mensch. Deshalb glaube ich, seit ich den Film *21 Gramm* gesehen habe, morgens daran, dass meine Seele 21 Gramm wiegt. Die Morgendämmerung, das ist meine Zeit der Leichtgläubigkeit. Tagsüber wird das Glauben dann immer schwerer. Und meistens glaube ich bereits am späteren Vormittag, nachdem ich hunderte Male aus dem Fenster geschaut habe – aus verschiedenen Fenstern an verschiedenen Orten –, nur mehr an das, „was ich mit eigenen Augen sehe". Das ist so eine Redensart, aber wie es mit solchen Arten des Redens geht, beginnen sich die Dinge schließlich nach ihnen zu richten. Seele, 21 Gramm, ha! Aber morgens ist alles anders. Man reibt sich die Augen, man hofft, die Dinge wieder einmal in einem neuen Licht zu sehen. Heute zum Bespiel sehe ich die Frühstücksbrötchen, die ich aus dem Kühlschrank hole, um sie aufzubacken, in einem neuen Licht. Es ist mir, als ob sie mich angrinsten. Warum auch nicht? Endlich raus aus der Kälte und rein in den Ofen! Da habe ich eine Idee. Ich lege eines der Brötchen auf die Waage. Die Waage zeigt 21 Gramm. Das gibt's doch nicht!! Ich spiele mit dem Gedanken, vor mir auf der Waage liege meine brötchenförmige Seele. Grinst meine Seele mich etwa an? Ich denke, dass ihr das Grinsen schon noch vergehen wird, sobald sie erst im Ofen dampft. Jetzt reicht's, ich schaue aus dem Fenster und sehe „die Welt, wie sie ist". Sie ist *da*, vor meinen Augen. Und die Seele? Man wird sehen, mit eigenen Augen oder gar nicht …

Teil 4
Mit dem falschen Fuß richtig aufstehen
Vorfrühling / Frühling 2016

Das Zeitlose, das an mein Fenster klopft

Es klopft an mein Fenster. Draußen regnet es. Ich habe Regen gern, besonders am frühen Morgen, wenn es erst hell zu werden beginnt. „Regentropfen an mein Fenster klopfen." Man wird erwachsen, oder glaubt, es zu werden. Ich habe mich oft gefragt, wie sich das anfühlen würde, erwachsen zu werden. Ich fühle mich nicht erwachsen, und das schon seit mehr als einem halben Jahrhundert. Nicht, dass jemand zu mir sagen würde, ich sei das Kind geblieben, das ich gewesen bin. Als ich ein Kind war, fühlte ich mich beklommen, wenn die Erwachsenen über Dinge sprachen, die ich nicht verstand. Und dabei wollte ich die Dinge, über die sie sprachen, gar nicht verstehen. Ich wollte bloß so sprechen können, wie es die Erwachsenen taten. Eines Tages konnte ich's dann, aber ich fühlte mich nicht erwachsen. Ich habe darüber nachgedacht, warum ich, statt mich erwachsen zu fühlen, den Erwachsenen immer erst herauskehren muss. Heute, da es regnet, denke ich, es liegt an den Regentropfen, die an mein Fenster klopfen. Das hört nicht auf. Es dauert fort und fort, dieses beseligende Gefühl, unter einer Bettdecke geborgen zu sein, während „des Nachbars Hündchen bellt". Eine kindische Reminiszenz an die verlorene Zeit? Ich schaue aus dem Fenster, hinüber zum Karmelitinnenkloster neben der Kirche. Dort steigt endlich wieder Rauch auf. Ich habe eine Seele, denke ich plötzlich, und das ist der Grund, warum ich kein Gefühl fürs Erwachsensein habe. Es ist das Zeitlose in mir, das ans Fenster klopft.

Wo immer gerade ein neuer Tag anbricht

„Ein neuer Tag bricht an!", sagt unser kurzzeitiger Hausgast, der zeitiger aufsteht, als ich es tue. Er hat seine Frühgymnastik hinter sich, außerdem hat er einige andere morgenmenschliche Dinge erledigt, die ihm, wie er mir versichert – meine Frau schläft zu ihrem Glück noch –, erst so richtig in jene Stimmung bringen, die er mit dem Satz benennt: „Ein neuer Tag bricht an!" Das geht mir gehörig gegen meinen Morgenmuffelstrich. Mein Versuch, ihn von seiner siebenten Tagesanbruchswolke, auf der er munter herumpurzelt, mittels des verbalen Bihänders „Na und?" herunterzuholen, geht ins Leere. Da fällt mir eine jener Paraden ein, die in Wortfechterkreisen nur mit feiner Klinge ausgeführt werden. Meine Verbalparade zu dem Ein-neuer-Tag-bricht-an-Geschwafel lautet: „Irgendwo bricht immer gerade ein neuer Tag an, oder?" Gleich höre ich – ich glaube, ich höre nicht richtig –, wie unser kurzzeitiger Hausgast mich im Ton unerschütterlicher Gutenmorgenlaune fragt: „Wo denn, wo?" Ich repliziere, aus dem Wortfechtertritt gebracht, plump: „Was, wo denn, wo??" Ja, wo denn nun immer gerade ein neuer Tag anbreche, fragt mich putzmunter mein Kontrahent, der sich sofort, auf der Stelle, dorthin begeben möchte, wo immer gerade ein neuer Tag anbricht. Hellhörig geworden, kommt meine Frau ins Wohnzimmer und sagt: „Guten Morgen!" Schade. Denn jetzt sitzt er da, unser kurzzeitiger Hausgast, bereit, an diesem guten Morgen eines anbrechenden neuen Tages ein kräftiges Frühstück einzunehmen.

Die nicht an den Tod denken wollen

Klar, wer denkt morgens nicht an den Tod? Ich stehe wie immer mit dem falschen Fuß auf und denke an den Tod. Ich gehe durchs dunkle Vorzimmer, vorbei an dem schwarzen Fleck im Spiegel, der ich selbst bin, und denke an den Tod. Ich gehe durchs Wohnzimmer, blicke aus dem Fenster, auf die Kirche gegenüber, neben dem Karmelitinnenkloster, und denke an den Tod. Schön. Nachdem ich lange genug an den Tod gedacht habe, denke ich, dass es Zeit ist, die Frühstücksbrötchen aus dem Gefrierfach des Kühlschrankes zu nehmen. Mein Gott, die Farbe der Brötchen ist ein leichenblasses Gelblich, und schon wieder denke ich an den Tod. Ich habe im Laufe meines Lebens gelernt, viele Arten von Morgenmenschen zu verstehen, solche, die, bevor sie aufstehen, sich Wagners Vorspiel zu den *Meistersingern von Nürnberg* anhören müssen, und solche, die im Bett mit sich selbst „Ene mene muh und raus bist du …" spielen, um dann erst recht liegen zu bleiben, denn: „… raus bist du noch lange nicht, sag mir erst wie alt du bist …" Schön, je älter man wird, umso länger kann man dann noch liegen bleiben, nicht wahr? Und wozu? Was mich betrifft, um an den Tod zu denken. Ehrlich gesagt, eine Gruppe von Morgenmenschen habe ich nie verstanden, das sind jene, die, sobald sie aufwachen, einen Berg besteigen wollen. Die sagen, es gibt nichts Schöneres, als den Sonnenaufgang auf einem Gipfel zu erleben, herrlich, „tiefe Lust will Ewigkeit". Ich habe sie aber im Verdacht, bloß nicht an den Tod denken zu wollen.

Das Schmuckgehänge der Innenministerin

In der Zeitung steht's, in allen Zeitungen steht's: Die Willkommenskulturpolitik ist am Ende, es lebe der Stacheldrahtzaun! Wir haben schon genug gemacht, übergenug, nicht wahr? Der Machthaber Syriens ermordet sein eigenes Volk, lässt alles niederwalzen, was unschön absteht vom Boden. Die Russen mit ihren Kampfjets erledigen den Rest. Man will „uns Europäern" die Massen derer, die sich nicht dem Boden gleichmachen lassen möchten, in unser christliches Abendland hereinspülen, bis wir alle zum Islam bekehrt sein werden, oder? Ich sehe in der Zeitung das Bild unserer Innenministerin, wie sie über eine stracheldrahtverhauene Grenzbarriere hinwegblickt. Sie hat sich herausgeputzt mit einem Schmuckgehänge aus Metall, dessen Pitbullästhetik mir größeres Unbehagen bereitet als die dickgepanzerten Schutzwesten der neben ihr stehenden Polizisten und Militärs, die nichts weiter zu tun haben, als muskelbepackt neben ihr zu stehen. Was soll ich machen, mich ekelt vor den Pragmatikern, die kalt wie die Fische der Tiefsee in die todmüden Augen derer schauen, die einen halben Kontinent durchquert haben, um den blutrünstigen Teufeln daheim zu entkommen. Gleichzeitig bin ich hyperneurasthenisch gegen ein politisch korrektes Schmuckverhalten, das erst gar kein Willkommenskulturlüfterl hätte aufkommen lassen. Heute Morgen brauche ich Beruhigungstabletten, und zwar in Hochdosierung, um meine Mitmenschlichkeitsneurasthenie chemisch niederzuknüppeln: Abendland, magst ruhig sein …

Wie es weitergeht, wenn es nicht mehr weitergeht

Jetzt sei es nun einmal, wie es sei, und nun solle man es dabei auch belassen. Das sei seine Meinung, die zwar kein Gewicht habe, mit der er aber trotzdem nicht hinterm Berg halten wolle. Ich sitze ihm im Bus gegenüber, neben ihm sitzt eine Frau, die offenbar seine eigene ist. Es ist der Bus mit Endstation „Urnenfriedhof", ich werde unterwegs an der Station „Universität" aussteigen. Die Frau schaut nicht ihn an, sondern mich. Ich weiß nicht recht, wohin ich schauen soll. So könne es aber auf gar keinen Fall weitergehen, sagt mit reglosem Blick die Frau zu mir, die sich nicht direkt an den Mann, der offenbar ihr eigener ist, wenden will. „Natürlich nicht", murmle ich, wobei ich ihrem Blick auszuweichen suche und dabei ihrem Ehemann ins reglose Gesicht starre. Darin sitzt ein Mund, der sich öffnet und schließt wie das Maul eines nach Luft schnappenden Karpfens, es kommt mir vor, als ob dieser Mund gar nicht zu jenem Gesicht gehörte: Was mich die Sache, die ausschließlich eine Sache zwischen ihm, dem Mann, und seiner Frau sei, eigentlich anginge? Ob ich denn nicht wisse, dass es nun einmal sei, wie es sei, und ob ich im Übrigen nicht seine Meinung teile, dass man es dabei belassen solle? Da der Bus gerade in die Station „Universität" einfährt, antworte ich unter dem reglosen Blick seiner Frau: „Natürlich", und dabei wird mir leicht ums Herz beim Aussteigen. Denn ich habe das Gefühl, im Bus Richtung Urnenfriedhof gesagt zu haben, wie es weitergeht, wenn es gar nicht mehr weitergeht.

Vom Werden, der man ist

Auf die Frage, wer ich wirklich sei, pflege ich zu antworten, dass ich dies nicht wisse, denn um zu wissen, wer man wirklich sei, müsse man wissen, wer man sei. Da ich aber nicht wisse, wer ich sei, könne ich auch nicht wissen, wer ich wirklich sei, nicht wahr? Natürlich hat mich noch nie jemand gefragt, wer ich wirklich sei. So eine Frage verbietet sich schon aus Gründen der Höflichkeit. Könnte ja sein, dass man in Wirklichkeit niemand ist. Vielmehr stelle ich mir, und zwar mit einer penetranten Regelmäßigkeit, diese Frage selbst, morgens, wenn ich die Kaffeemaschine mit Wasser fülle. Auf die Frage, was Wasser sei, hat ein weltberühmter Philosoph geantwortet: Es sei, was es wirklich sei, nämlich H_2O. Und ferner sagte der weltberühmte Philosoph – Saul Kripke ist sein Name –, dass auch ich sei, was ich wirklich sei, nämlich das Produkt der Verschmelzung einer männlichen Samen- mit einer weiblichen Eizelle. Denn wer oder was ein Mensch, beispielsweise ich, *sei*, müsse er immer und überall *wirklich* sein. An dieser Theorie gefällt mir, dass ich nicht weiß, wer ich bin, weil ich nicht weiß, wer ich wirklich bin, nämlich das Produkt der Verschmelzung einer mir unbekannten Samenzelle meines mir unbekannten Vaters mit einer mir unbekannten Eizelle meiner Mutter, die ich auch nicht besonders gut kannte. Das H_2O in der Kaffeemaschine beginnt langsam durchzurinnen, und ich werde, frühstückszubereitungsemsig, langsam der, der ich bin – einer, der zum Glück nicht weiß, wer er wirklich ist.

Die Obergrenzen der Schlitzmündigen

Gestern habe ich mir im Fernsehen einen uramerikanischen Schlitzaugenfilm angesehen. Das Weiße Haus wurde von Schlitzaugen besetzt und der Präsident wurde samt seinem Mitarbeiterstab als Geisel genommen. Die Schlitzaugen schlitzten die engsten Vertrauten des an eine Eisenstange gefesselten Präsidenten auf, um einen strenggeheimen Raketenabwehrcode herauszupressen. Das wäre den Schlitzaugen auch fast gelungen, wenn da nicht ein uramerikanischer Held gewesen wäre, der den Schlitzaugen das Schlitzerhandwerk gelegt hätte. Als ich heute Morgen alle mir erinnerlichen Schlitzaugendetails meiner Frau beim Frühstück vor Augen führe, nicht ohne ihr die moralisch bedenkliche Seite der uramerikanischen Schlitzaugenschlitzersicht nahezubringen – meine Frau hatte sich gestern schon während der Abendnachrichten weggeschlichen, während die Innenministerin schlitzmündig ins Mikrofon kalauerte, dass alles seine Obergrenzen habe, nur nicht die Flüchtlingsobergrenzen –, da sieht sie mich an, als ob ich altersblödsinnig geworden wäre, und sagt dann: „Schlitzaugen schlitzen eben." Das leuchtet mir ein. Was sollten Schlitzaugen auch anderes tun als schlitzen? „Ist nicht das ganze Leben ein Kalauer?", frage ich, pfiffig tuend, zurück, worauf mir meine Frau versichert, dass ich beim Anschauen eines uramerikanischen Schlitzaugenschlitzerfilms offenbar altersweise geworden sei. Ich bin mir aber nicht sicher, ob sie's ernst meint in unserer schlitzmündigen Zeit der Obergrenzen, die keine Obergrenzen haben.

Eine gelungene Ichwerdung

E., meine ältere Enkeltochter, hat eine Neuigkeit, die sie uns am Frühstückstisch buchstäblich auftischt: „H. sagt jetzt ‚ich'." H., unsere jüngere Enkeltochter, sitzt neben ihr und sagt: „Ich." Und dann beginnt sie zu weinen, dass ihr die Tränen aus den Augen spritzen. Meine Frau, ganz liebende Großmutter – nicht umsonst gibt es neben der Gruppe „Sonnenschein" im Kinderkarten auch die „Omagruppe" zuhause, wohin man sich flüchten kann, wenn sonst nichts mehr hilft –, flattert regelrecht um den Frühstückstisch herum und drückt H. an sich. E. hat eine luftige Miene aufgesetzt, sie weiß, worum es geht, nämlich darum, dass H. noch immer ein „Baby" sein möchte. Und wirklich: Unter Schluchzen, das am Busen meiner Frau rasch wohlig-babylig klingt, platzt es aus H. heraus: „H. nicht mehr H., H. jetzt nur noch ich!" Meine Frau busselt H. ab und flüstert ihr beruhigend ins Ohr, als ob es ein großes Geheimnis anzuvertrauen gälte (und ist's denn keins?): „Schschsch…, H. ist H., unsere H., auch wenn H. jetzt schon ‚ich' sagen kann." E. kommentiert ein wenig von oben herab: „Eben, ich hab's ihr tausend Mal, nein, hunderttausend Mal gesagt, mindestens…" Da lacht H. bereits wieder: „Ich ist H., H. nicht ich." Ich bin gerührt, sozusagen professionell tief angerührt. Mein Philosophenhirn gerät ins Schwärmen: H. ist H., sie lässt sich davon, dass sie ‚ich' sagen kann, nicht unterkriegen. Ich ist ein jeder, aber nur H. ist H. Mir kommt vor, E. schaut sogar ein bisschen neidisch drein.

Nichts Besonderes, nur das Übliche

Nichts Besonderes, könnte man sagen, bloß das für diese Jahreszeit Übliche. Ich wache in die Dunkelheit hinein auf und mein Kopf fühlt sich an, als ob er einige Stunden in einem Schraubstock gesteckt hätte. Dann dämmere ich noch eine Zeitlang vor mich hin, bis es hell zu werden beginnt und mir klar wird: Mir tun alle Knochen weh. Kein Fieber. Das ist beruhigend und auch wieder nicht, denn, falls ich keine Grippe habe, handelt es sich nur um eine Erkältung, aber wenn ich, was unwahrscheinlich ist, eine Grippe habe, wäre es möglicherweise tödlich, falls sie mich fieberlos niederstreckte. Ich weiß also nicht, ob ich auf Fieber hoffen soll. Doch Hoffen schadet ja nie, oder? Da Fieber mit Schüttelfrost einhergeht, den ich besonders hasse, hoffe ich außerdem, kein Fieber zu bekommen. Ächzend mache ich das Frühstück, entschlossen, das Bett nicht zu hüten. „Im Bett sterben die Leut'", pflegte meine Großmutter zu sagen. Einmal entgegnete ich ihr, dass die Leute auch beim Überqueren der Straße stürben, worauf sie erwiderte, dass sie, statt beim Überqueren der Straße, genauso gut im Bett hätten sterben können, wo die Leut' beim Sterben ohnehin hingehörten. Und jetzt lese ich in den neuesten Aufzeichnungen von Peter Handke, der noch nie eine kalte Grippe gehabt zu haben scheint, den trotzigen Satz: „Ich habe noch nie gehofft, kein einziges Mal." Schön, dann halt nicht, denke ich mir. Meine heutiges Morgenmantra, gesprochen im Ton der Hoffnung, lautet: „Solange mir was weh tut, bin ich nicht tot."

Die Definition des Guten Lebens

Gestern nahm ich an einer Diskussionsrunde teil. Alle saßen mit besorgten Mienen da. Ich fand das nicht weiter schlimm, denn schließlich ging es um eines jener chronischen Sorgenthemen, von denen unsere Zeit voll ist. Man könnte auch sagen, es ging, verglichen mit den Sorgen anderer Leute zu anderen Zeiten, um fast nichts. Mir war's recht, denn über fast nichts diskutiere ich lieber als über wirkliche Sorgenthemen, zum Beispiel meinen unvermeidlichen Tod. Wir diskutierten also mit besorgten Mienen frisch drauf los und hin und her, als einer aus der Runde, der bis dahin verstockt geschwiegen hatte, plötzlich ums Wort bat, nein, nicht bat, sondern sich regelrecht einmischte, indem er den, der gerade am Wort war, unwirsch unterbrach. Und warum? Weil er uns etwas zu sagen hatte, was er, laut eigenem Bekunden, schon von Anfang an hätte sagen wollen, nämlich: „Sie könnten sich ruhig einmal ein paar Sorgen machen!" Wir waren paff. Hatten wir uns denn nicht in unseren Sorgendiskurs dieses Abends geradezu verbissen? Hatten wir uns nicht gegenseitig hochlizitiert, was den menschlichen Grundwert des Sich-Besorgens um das uns gestellte Sorgenthema betraf? Trotzdem war jetzt – wie es gemeinhin heißt – die Luft draußen. Wir hatten einen „Sorgenplatten". Daran muss ich nun denken, am heutigen Morgen, der grundlos sorgenfrei ist. Soll ich mich dafür etwa genieren? Nein, denn nun habe ich, nach Jahrzehnten des Grübelns, endlich die Definition des Guten Lebens gefunden: *Grundlos sorgenfrei.*

Mein schweres Abendlandherz

Heute Morgen wurde ich von Sonnenstrahlen geweckt. Zuerst wusste ich gar nicht, ob ich nicht etwa im Freien übernachtet hätte. Noch halb in wirren Träumen befangen, lief es mir heiß und kalt die Wirbelsäule rauf und runter. War ich etwa einer jener Flüchtlinge, die zurzeit nach Europa unterwegs sind, mit nichts zum Schlafen unterm Kopf außer höchstens einem Packen mitgeschleppten Zeugs? Dann war mir plötzlich klar, dass ich bloß gestern Abend vergessen hatte, die Jalousien herunterzulassen und die Vorhänge zuzuziehen. Große Erleichterung! Ich musste nicht meinen Packen Zeugs nehmen und wieder weiter, zur nächsten Grenze, die gerade geschlossen wird – und trotzdem, wenn ich nicht einfach liegenbleiben wollte, weiter und immer weiter. Und doch schlich sich in meine Erleichterung ein Gefühl des Verlusts. Früher wäre ich im Abendland aufgewacht und die Sonne hätte mich wachgeküsst. Ja, sie hätte mich nicht einfach geweckt, sondern wachgeküsst. Das eben war *mein* Abendland, wie ich es aus den Märchen, den Heldensagen, den Reise- und Heimatdichtungen kannte. Ich lebte da, wo die Sonne unterging, im sagenhaften Westen, aber bevor sie unterging, konnte es sein, dass man von ihr wachgeküsst wurde, ob man nun auf hartem Lager oder im Daunenbett schlief. Damit ist es jetzt vorbei, das Abendland haben die Horden jener an sich gerissen, die, wenn die Sonne untergeht, Flüchtlingsunterkünfte niederbrennen. Das verpatzt der Abendlandsonne ihren Auftritt, und mir wird schwer um mein Abendlandherz.

MEINE KLEINE GROSSE FREUDE

Im Stiegenhaus nähere ich mich einigen Nachbarinnen, die gerade lautstark über die „kleinen Freuden des Lebens" palavern. Schon als ich den Diskutierenden näherkomme, fällt mir auf, dass es sich weniger um einen auflockernden Morgentratsch handelt, sondern um einen Wettstreit, bei dem man sich gegenseitig die kleinen Freuden sozusagen an den Kopf wirft. Ich kann einige Wortbrocken, die da hin und her fliegen, ausmachen: „mein Butterkipferl", „mein Hundchen", „mein Mittagsschläfchen", „mein Fritzi" (??). Als ich an der Damengruppe vorbeikomme, sage ich artig „Guten Morgen!", um dann, während ich schon ums Eck zum Aufzug biege, eine rhetorische Frage anzufügen: „Und was ist mit den *großen* Freuden?" In meinem Rücken spüre ich bohrendes Schweigen, dem ein, wie mir vorkommt, aufgebrachtes Hinter-mir-her-Geschimpfe nachfolgt: Mich habe wohl der Hafer gestochen? Ob ich denn wirklich glaube, dass man sich die großen Freuden des Lebens leisten könne? Und überhaupt, was wäre denn das, eine „große Freude des Lebens", na? Etwa das Kipferl für den Göttergatten mit Butter zu bestreichen? Oder das Gacksisackerl fürs Hundchen herumzuschleppen? Oder vom Enkerl aus dem Mittagsschläfchen gerissen zu werden? Oder den Fritzi trockenzulegen (??). Bevor ich in den Aufzug flüchte, dessen Türe sich gerade öffnet, rufe ich zurück: „Warum nicht?" Und während sich die Aufzugtüre hinter mir schließt, höre ich noch: „Typisch Philosoph!" Und das ist nun meine kleine große Freude für den anstehenden Tag.

Die drei offenen Wünsche

E., meine ältere Enkeltochter, fragt mich, was ich mir wünschen würde, wenn ich drei Wünsche offen hätte. Sie, E., habe die ganze Nacht gegrübelt, werde aber nichts verraten, weil sonst die Lillifee böse wäre. Ich sage ihr, was ich mir wünschen würde, nämlich, erstens, ewig zu leben, zweitens, zu erkennen, was die Welt im Innersten zusammenhält, und drittens, niemanden auf der ganzen weiten Welt mehr unglücklich zu wissen. Jetzt ist E. böse auf mich – das heißt, sie tut so, als ob sie böse auf mich wäre –, weil ich ihr meine drei Wünsche verriet, die ich haben würde, falls ich sie offen hätte. H., meine jüngere Enkeltochter, die schon vor einiger Zeit gelernt hat, „ich" zu sagen, sagt: „Ich, ich, ich." Worauf E. ihr ein bisschen von oben herab erklärt, dass, falls man drei Wünsche offen hätte, man sich nicht drei Mal hintereinander wünschen könnte, „ich" zu sein, weil das immer dasselbe wäre und weil man sowieso „ich" sei. Da beginnt H. zu weinen, dass ihr die Tränen aus den Augen spritzen (aber nur ganz kurz), und sagt: „H. will nicht ich sein. H. will H. sein." Jetzt hält es E. angesichts von so viel Stümperei beim Drei-offene-Wünsche-Wünschen nicht mehr aus und verrät uns ihrerseits, Lillifee hin oder her, ihre drei Wünsche: Prinzessin zu sein, vom Mucki (?) einen Kuss zu bekommen und später einmal drei Kinder zu haben. Den Kuss kann sie gleich kriegen, nämlich von mir, sodass sich E., wenn sie noch einen Wunsch offen hätte, wünschen würde, ich wäre der Mucki (?).

Unter Pedanten Richtung Urnenfriedhof

Morgens wieder im Bus Richtung Urnenfriedhof mit Zwischenstation Universität. Es herrscht heute ein Gedränge, dafür gibt es keinen Grund, aber wie meine bodenständige Großmutter immer sagte: Es muss nicht für alles einen Grund geben. Während ich und ein paar Dutzend anderer Fahrgäste an den Halteschleifen baumeln oder sich wackelnd an die Haltestangen klammern – unser Buslenker fährt, als ob er schon sein Leben lang zu spät dran wäre –, sitzt direkt vor mir einer, der, während er uns Stehende fischäugig mustert, in einem fort jammert: „Ich weiß nicht, ob ich das durchsitze, ich weiß nicht, ob ich das durchsitze ..." Der neben mir Wackelnde (unser Buslenker nimmt gerade eine Rechtskurve, als ob er mit ihr eine persönliche Rechnung zu begleichen hätte), korrigiert pedantisch den jammernd Fischäugigen: „Das heißt nicht, ich weiß nicht, ob ich das durchsitze, sondern, ich weiß nicht, ob ich das durchstehe." Jetzt erweist sich der Fischäugige seinerseits als Pedant: „Leider stehe ich nicht, sondern sitze, mein Herr." Darauf der neben mir Wackelnde offensiv-pedantisch: „Dann stehen S' halt auf!" Worauf ihm eine fischig-pedantische Antwort zuteilwird: „Es stehen ohnehin schon alle." Darauf der neben mir Wackelnde ostentativ-pedantisch: „Dann stehen S' halt auf, damit ich mich hinsetzen kann." Darauf pädagogisch-pedantisch der Fischäugige: „Das würden Sie niemals durchsitzen, mein Herr." Pedanten unter sich, und rein geht's in die nächste Rechtskurve, Richtung Urnenfriedhof.

Von der Lebenslust als Zulukaffer

Wieder im Morgenbus. Heute chauffiert uns ein Buslenker, der etwas gegen „Zulukaffer" hat. Wir sind nur wenige Fahrgäste, daher dringt die Stentorstimme des Lenkers bis nach hinten, in die letzte Sitzreihe, wo ich auf einem Plastiksitz gleich neben der Tür Posten bezogen habe. Gerade donnert er einen „Zulukaffer" an, der sich vor seinem Bus irgendwie nicht richtig bewegt – zu langsam? zu wenig seitlich? überhaupt unzumutbar im stockend-fließenden Morgenverkehr? –, er solle sich gefälligst „verzulukaffern". Und was dann folgt, ist reinste Nervenzusammenbruchsglossolalie, die uns alle im Bus die Ohren bis über den Scheitel spitzen lässt (das gilt auch für die mitfahrenden Damen): Der „Zulu" solle sich in sein „verkafftes Kaff verzulukaffern, hahaha!" Irgendwer im Bus piepst frageweise „Verkafft oder verkifft?", wird aber vom Buslenker, einem Koloss, dessen Nacken sich drohend zu drehen beginnt, zum sofortigen Schweigen verhalten. „Welcher Zulukaffer war das?!", brüllt er mit einer Stimme, die nicht nur jeden Zulukaffer (ich habe im Übrigen keine Ahnung, wer oder was genau ein Zulukaffer ist, habe indessen den Eindruck, dass an diesem Ausdruck etwas politisch nicht völlig unbedenklich sei). Da juckt's mich und ich sage: „Ich." Und der Koloss hält den Bus an, der ruckelnd auf der Stelle vor sich hin stinkt, lässt die Tür neben mir aufrumpeln und schreit: „Raus, Zulukaffer!" Mach ich und fühle mich glattweg unternehmungslustig. Schließlich war ich noch nie ein Zulukaffer.

GRATULATION ZUR STERBLICHKEIT

Meinen Astrologen, den ich nur zwecks des „Ausgangs" aus meiner „selbstverschuldeten Unmündigkeit" (Kant) konsultiere, verstand ich noch nie so richtig. Zuerst erfuhr ich von ihm, dass sich nichts verändert habe, weder zum Guten noch zum Schlechten. Dann erfuhr ich, dass nichts besser geworden sei, aber auch nichts schlechter. Und heuer, es ist erst einige Tage her, breitete er seine Befundtabellen feierlich vor mir aus, räusperte sich und sagte mit geölter Stimme: „Gratuliere, große Ereignisse werfen ihre Schatten voraus." Ich war derart paff, dass ich mich vom Besucherstuhl erhob, mich bedankte (wobei ich so tat, als sei ich wer weiß wie erleichtert) und davonschlich. Seither schlafe ich schlecht. Was mag es bedeuten, wenn einem der Astrologe dazu gratuliert, dass große Ereignisse ihre Schatten vorauswürfen? Damit kann eigentlich nur der Tod gemeint sein, oder? Weil ich wieder ruhig schlafen möchte, rufe ich heute gleich zu Ordinationsbeginn an und frage meinen Astrologen geradeheraus, was er gemeint habe, als er mir zu großen Ereignissen, die ihren Schatten vorauswürfen, gratuliert habe. Den Tod, nicht wahr? Worauf er mir mit seiner öligsten Stimme (ich muss an die letzte Ölung denken) versichert: „Lieber Freund, sterblich sind wir nun einmal alle, nicht wahr?" Und dann setzt er unbeirrt hinzu: „Gratuliere!" Ich wollte ihm schon sagen, dass, wenn ohnehin alle sterblich seien, es nichts zu gratulieren gebe, falls auch ich sterblich sei, sagte dann aber nur: „Danke." Irgendwie ist es doch gut zu wissen, dass die Sterblichkeit etwas ist, wozu einem gratuliert werden sollte.

Der ungewöhnlich klare Morgen von heute

Es ist ein klarer Morgen wie selten einer. Beim Blick aus dem Fenster sehe ich, dass dicker Rauch aus dem Karmelitinnenkloster gegenüber meinem Haus aufsteigt. Die Frage, womit die dort drüben ihre Öfen heizen, würde andernorts vermutlich die Feuerwehr auf den Plan rufen. Übrigens habe ich seit Jahren keinen „von denen dort drüben" gesehen, die Nonnen – oder ist es nur mehr eine – sind unsichtbar geworden. Früher sah ich sie ab und zu in kleinen Grüppchen den kleinen Kreuzweg abgehen, der auf einem Abhang hinter dem Kloster an einer Grenzmauer entlanggebaut ist. Die Kreuzwegstationen, Figurenfragmente, sind nur noch zu erkennen, wenn man genau hinschaut. Im Übrigen ist alles von Unkraut überwuchert, die Bäumchen und Sträucher auf dem Abhang sind verkümmert. Das Szenario ist mir aufgrund meines morgendlichen Blicks aus dem Fenster wohlvertraut. Heute aber, an diesem ungewöhnlich klaren Morgen, zieht der Rauch meinen Blick mit nach oben, in einen fast weißen, leeren Himmel hinein. Und während sich der hochsteigende Rauch rasch verliert – ein ätherischer Stoff, der in seinen Hintergrund, das „Himmelsgewölbe", einsickert –, stehe ich da, vor meinem Fenster, und bin traurig: Ich werde sterben und nichts verstanden haben. Alle Lebenskunst ist eitle Täuschung. *O vanitas vanitatum!* Plötzlich zieht ein schwarzer Vogel in einem großen Bogen über den Himmel. Rabe? Krähe? Und was kümmert *ihn* der Himmel? Er ist ein Teil davon. So sollte ich auch fühlen. Und schon bin ich weniger traurig.

3 Stück Willkommenskultur um 50 Euro

Gestern im Fernsehen die Bilder der Verzweifelten, die gegen Grenzzäune anrennen, um nicht verrotten zu müssen. Und dann die Schüsse der Grenzsoldaten, human, weil mit Tränengas abgefeuert, mitten hinein in die Gesichter nicht nur von Männern, die weder aus noch ein wissen, sondern auch in die von Müttern samt ihren Kindern. Was ist Europa doch für eine Festung der Schande geworden, habe ich mir gedacht, bevor ich in meinem Fernsehsessel eindöste. Jetzt klingelt es morgens an meiner Türe – gäbe es einen Hahn, er hätte schon drei Mal gekräht –, und wer steht draußen? Eine Aktivistin (ich glaube, so nennt man solche Leute), die ein T-Shirt trägt, auf dem geschrieben steht: „Refugees welcome!" Sie sei, sagt sie, von der Initiative *Willkommenskultur* und biete mir hier und jetzt ein T-Shirt um den einmaligen Sonderpreis von 20 Euro an. Falls ich mich jedoch als ethischer Altruist profilieren wolle, solle ich mich rasch entscheiden, 3 Stück um nur 50 Euro. Ich frage, wozu die Spende verwendet werde. Die Aktivistin antwortet: „Na, um die Flüchtlinge willkommen zu heißen." Ich frage weiter, ob sie schon einen willkommen geheißen habe. Darauf starrt sie mich an, als ob ich geistig nicht in der Lage wäre, die Höhe ihres altruistischen Ansinnens zu erklimmen. Sie deutet mit dem längsten Zeigefinger der Welt auf ihr T-Shirt und sagt: „Aber da steht's doch!" Ich habe ihr gleich 6 Stück abgekauft, wohl irgendwie hoffend, dass die Dummheit auf diese Weise schneller ausverkauft sein möge.

Der Vollbärtige vor meiner Tür

Wie lange ist es her, seit ich die deutsche Kanzlerin habe sagen hören, dass man die Menschen nicht vor Europas verschlossenen Türen im Regen, in der Kälte, in der Not ihres Daseins stehen lassen dürfe? Heute klingelt es frühmorgens an meiner Türe. Während ich sie einen Spaltbreit öffne (gäbe es hierorts einen Hahn, er hätte kaum erst ein Mal gekräht), gähne ich einen Vollbärtigen an, hinter dem sich eine halbwegs vermummte Frau samt einer üppigen Kinderschar – die Gruppe scheint das halbe Stiegenhaus hinunterzureichen – halbwegs verbirgt. Ich frage, was denn der Aufmarsch solle? Und ich frage vorsichtshalber den Mann, indem ich ihm vorsichtshalber erst gar nicht meine Hand reiche. Daraufhin verbeugt sich der Vollbärtige und sagt „Danke!" Zugleich streckt er seine Hand bittend aus. Bevor ich meine Geldbörse zücke und einen Schein herausfingere, belehre ich ihn, indem ich sage: „Bitte!" Damit will ich eine kleine gute Tat der Integration setzen, deren Sinn darin zu bestehen hätte, dass der Vollbärtige lernt, er habe, um eine milde Gabe für sich und die Seinen zu erbitten, „Bitte!" zu sagen. Doch was sagt er, nachdem ich ihn belehrt habe, mit dem Geldschein als Lockmittel der Integration in meiner Hand? Er sagt: „Danke!" Etwas in mir – das bin nicht ich, das ist mein innerer Schweinehund – lässt mich denken: „Stures Pack!" Ich gebe ihm rasch den Geldschein und komme mir, die Türe schließend, nicht wie ich vor. Von draußen höre ich noch die Stimme des Vollbärtigen: „Bitte!"

DER GUTE APPETIT DER MENSCHHEIT IN DEINER PERSON

Früher, sagte mein berühmter Kollege, der große Humanist – noch immer spricht man von ihm als dem „großen Humanisten" –, habe er die „Menschheit in sich" spüren können. Um seinen Kopf wallt eine schneeweiße Mähne, ein grauer Vollbart lässt ihn ein wenig aussehen wie einen durch einen Ascheregen geschrittenen Moses (auch wenn keiner weiß, wie Moses aussah). Ja, er habe Kants Kategorischen Imperativ aus seinem Herzen und seiner Seele, aus seinem ganzen Wesen heraus gelebt, alles transzendental und doch innig: *Die Menschheit in deiner Person, als in der Person eines jeden andern* ... Nach seinem Vortrag gestern, vor schütterem Publikum – Titel: „Die Menschheit in deiner Person", Untertitel: akademisch elendslang – hatte der große Humanist bei uns übernachtet. Nun saß er mir am Frühstückstisch gegenüber und geriet in nostalgisches Schwärmen: „Ach ja, ja, ja, das ethische Gesetz!" Meine Frau bat ihn, doch noch von den köstlichen Croissants zu nehmen, die sie extra für ihn besorgt hatte, und das tat unser Gast mit großem Appetit, indem er ein ofenwarmes „Blätterteighörnchen mit leckerer Quittenkonfitüre" bestrich. Am liebsten hätte ich ihm erwidert, dass sein Hunger kein Anzeichen dafür erkennen lasse, dass nicht die *ganze* Menschheit in ihm wohne. Da höre ich meine Frau im Konversationston sagen: „Immerhin sind wir mittlerweile siebeneinhalb Milliarden", nicht ohne den großen Humanisten charmant zu drängen, doch seinen Teller noch einmal zu füllen.

WAS WIRD WERDEN?

„Was wird werden?", pflegte meine ebenso bodenständige wie weltweise Großmutter zu fragen. Dieser Satz kam mir heute beim Aufwachen in den Sinn, denn ich hatte das unbestimmte Gefühl – unbestimmt und daher umso drängender –, dass alles ins Rutschen geraten war. Während ich hörte, wie draußen der Frühlingsschneewind um die Häuser brauste, kam mir vor, an diesem Morgen sei das ganze Abendland ins Rutschen geraten, obwohl es, laut Oswald Spengler und seiner Anhängerschaft, ohnehin schon längst untergegangen ist. Was war das für ein Gefühl? Ich kannte es aus meinen Ertrinkungsalbträumen: Mein Bett – und ich in ihm – rutschte schräg nach unten, in die Tiefe, hinein in das kalte schwarze Wasser, wo die Tiefsee lauert, um uns, mich und mein Bett, zu verschlingen. Nur dass, so mein heutiges Gefühl, ich an diesem frühlingsschneewindigen Morgen mit meinem Bett auf einem ganzen Kontinent stand, der zu rutschen begann. Ja, das Abendland war mein Traumkontinent, der versank. Satzreste wirbelten mir durchs Hirn: „… die Menschheit sowohl in deiner Person, als in der Person eines jeden andern …", „… was ihr dem Geringsten meiner Brüder tut …", „… das Haus meines Vaters hat viele Wohnungen …". Menschenwürde, Barmherzigkeit, Paradieses-Sehnsucht: Alles schien mir, während draußen der Frühlingsschneewind die Luft ausputzte, unter die fahle Frage gestellt: „Was wird werden?" Und heute hätte ich nicht einmal zu sagen vermocht, welches der falsche Fuß ist, mit dem ich jeden Morgen aufstehe.

INBILDER EUROPAS

Als ich neulich gefragt wurde, was ich von Europa für ein „Bild" hätte, fiel mir auch nichts Besseres ein als jenes Urteil, das lautet: „ein zerstrittener Sauhaufen". Und dabei hatte ich in meinem ganzen Leben noch keinen zerstrittenen Sauhaufen gesehen. Ich dachte, und fügte meinem Urteil quasi entschuldigend hinzu, dass es sich dabei um so etwas wie ein „*Inbild* Europas" handelte, womit ich eines der Lieblingswörter Peter Handkes verwendete. Für Handke besteht ja die Welt, sofern und soweit vom wahren Dichter wahrgenommen, bekanntlich aus lauter Inbildern. Während ich nun heute, sonntäglich gestimmt, meinen Morgensparziergang absolviere und mich an dem vorfrühlingshaften Sprießen und Sprossen rund um mich herum erfreue, an den vorösterlichen Tupfen, von denen die kleinen Rasenflächen und Buschecken auf meinem Weg übersät sind, wird mir das Inbild-Gerede zum Ärgernis. Auf das Hier-und-Jetzt kommt's an! Aber dann sehe ich rings um mich die am Boden herumstochernden Hundebesitzer, nicht selten in Sonntagskleidung, wie sie den Morgenhaufen ihres Lieblings, abgesetzt zwischen den Schneeglöckchen, Schlüsselblumen und zarten Krokussen, ins Gacksisackerl fingern. Und plötzlich wandelt mich – so sagt man doch? – ein Inbild jenes Europas an, das kein zerstrittener Sauhaufen sein wird: des zukünftigen „Kerneuropa" – eines Schrumpfkontinents von Herrchen und Frauchen mit gutem Gacksisackerlsonntagsgewissen, die alle gacksisackerllosen Völker einen zerstrittenen Sauhaufen schimpfen.

Ein Patzen der Erleichterung

Was meine intellektuellen Kollegen betrifft, so hat ein jeder von ihnen für Europa gute Ratschläge parat. Das verursacht mir einen dumpfen Druck in meinem leeren Kopf, während ich mit sehnsüchtigem Herzen aus dem Fenster schaue. Dort draußen beginnt die Vogelschar in den noch kahlen Bäumen ihre Paarungsspiele. Nein, nichts grob Sexuelles, nur diese ersten kleinen Annäherungsrituale mit eifrigem Hin- und Hergehopse, gegenseitigem Ansingen, allerlei Geschnäble und, zwischendurch, kreischender Abwehr eines Nebenbuhlers. Meine intellektuellen Kollegen hingegen gerieren sich staatsmännisch: Ein Europa ohne Grenzen wird nicht existieren können, nie und nimmer! Und keiner der Möchtegernstaatsmänner hat einen leeren Kopf, keiner ein sehnsüchtiges Herz. Die einen sind für mehr Gelassenheit, die anderen für mehr Nüchternheit. Alle sind, bei Verachtung jedweder Gesinnungsethik, Verantwortungsethiker. Ich hingegen schaue tatenlos (was sonst?) aus dem Fenster. Da kommt mir für die verantwortungsethisch vollmundig Aufmunitionierten ein hässliches Wort in den Sinn: „Klugscheißer". In diesem Augenblick setzt sich eine Krähe auf mein Fensterbrett, beäugt mich mit dem einen, dann mit dem anderen Auge. Ich bin ihr nur ein dunkler Fleck, zur Krähenliebe unbrauchbar, auch sonst ganz und gar wertlos. Und weg ist sie, die schöne Schwarze, weg durch die grenzenlose Morgenluft des überall aufkeimenden Eros, freilich nicht ohne auf meinem Fensterbrett einen Patzen ihrer Erleichterung zu hinterlassen.

Bis es erst wirklich ernst sein wird

Sie gehört zu jenen Toten, die mich zeit ihres Lebens nervten. Deshalb geistert sie jetzt mit ihrem Steh- und Lieblingssatz durch meine Träume: „Wartet nur, bis es wirklich ernst wird!" Das war alles, was sie uns Kindern zu sagen hatte, wenn sie, statuarisch hinter ihrem Ladentisch aufgepflanzt – sie war Verkäuferin in einem Gemischtwarenladen –, uns kleine „Racker" dabei beobachtete, wie wir, aus der Schule kommend, uns um ein paar Zuckerln stritten, die wir uns mit ein paar Groschen gekauft hatten. Damals lachten wir, sobald wir den Satz wieder einmal zu hören bekamen, aber bereits damals fand ich den Satz irgendwie aufreizend. Es ging mir ganz einfach gegen den Strich und auf die Nerven, dass ich warten sollte, bis es wirklich ernst wird. Und die Zeit verging, der Gemischtwarenladen wurde geschlossen, aus den Groschen wurden Cent, doch der Satz hatte in meinem Gemüt gleichsam Wurzeln geschlagen. Seither wird er größer und größer, treibt aus, ist zu meinem ewiggrünenden Daseinsmantra geworden: „Wartet nur, bis es wirklich ernst wird!" Ich warte. Aber weder weiß ich, ob es schon wirklich ernst geworden ist, noch habe ich eine Ahnung, wie es sich anzufühlen hätte, falls es wirklich ernst geworden wäre. Jetzt habe ich jene Tote in mein Herz geschlossen, denn sie hat mir den Weg zum Sinn des Lebens gewiesen: Mit allergütigster Blindheit geschlagen wartet man darauf, bis es wirklich ernst wird; und wenn es erst wirklich ernst geworden sein wird, dann wird man's nicht wissen.

Das Geheimnis des Mystisch-Banalen

All die Menschen, die schon dahingegangen sind, das sollte mich traurig stimmen. Darunter sind solche, die ich liebte und solche, die ich erst liebe, seit sie nicht mehr da sind. An die, die ich liebte, denke ich jetzt, da sich die Natur zu einem neuen Ansturm des Lebens rüstet (auch ein klirrender Frosthauch kann das gewaltige Knospen nicht mehr aufhalten), mit inniger Dankbarkeit: Ich lebe, indem sie in mir weiterleben. Und die, die ich erst liebe, seitdem sie nicht mehr da sind: Sie sind, als Erinnerte, zu anderen Wesen geworden; oder nein, präziser, sie sind die geblieben, die sie waren (Schleimer, Quälgeister, Scheißkerle, Hyänen), doch nun möchte ich sie nicht mehr missen. Denn nun fällt ein anderes Licht auf sie. Sie alle haben dazu beigetragen, dass ich mein Leben als *meines* leben durfte ... War's das? Nein, sie waren meinem Leben nicht bloß Mittel zum Zweck. Stets zehrten sie von einem Überschuss, und er war das Wesentliche. Erst jetzt, da sie, meine Ungeliebten, in meiner Erinnerung weiterleben, wird mir dieser Überschuss bemerkbar: Ihr Leben war es wert, gelebt zu werden, weil es – banale Mystik des Daseins – *ihr* Leben war. Traurig nur, dass ich's erst immer hintennach zu erkennen vermag. Aber eben dies ist das Überschussgeheimnis des Mystisch-Banalen: Als Erinnerte knospen sie, die einst Ungeliebten, jeden Morgen aufs Neue in mir. Aus der Gestaltlosigkeit des Hässlichen und Bösen wird eine „Gestalt des Lebens". Das Unsterbliche beginnt zu grünen.

ES FRISCHT AUF, ES FRISCHT AUF!

Auf dem Weg zum Bäcker erfreuen mich Schneeglöckchen, Schlüsselblumen und Krokusse, in Büscheln und zart vereinzelt: zwischen den grauen Wohnhäusern ein Frühlingsgesprenkel aus Weiß, Gelb und Lila, über die Wiesen verstreut, die kaum noch die braunen Narben des Winters tragen. Auch der Bettler neben dem Bäckerladen hat sein Bündel Zeitschriften, das er dem Scheine nach verkauft, um nicht mit dem hiesigen Betteleigesetz in Konflikt zu kommen, neben sich an die Wand gelehnt; Titel (neu): *Global Player*. Dort stauben die Hefte vor sich hin, während ich an der vertrauten Gestalt, die sich selbst „alter morscher Knochen" tituliert, ein Auffrischen zu bemerken glaube. Mir kommt kein anderes Wort in den Sinn: *auffrischen*. Und doch wüsste ich im Moment, in diesem Frühfrühlingsmoment, kein Passenderes. Bevor ich den Bettler noch fragen kann, wie's ihm geht, fragt er mich, wie's mir gehe. Ich antworte – und finde, dass meine Antwort zu uns beiden passt –: „Es frischt auf!" Indem ein Geldstück von meiner Hand in die seine wechselt, als sei es ein Obolus und er ein Türhüter, der mich durchlässt zu den duftenden Brötchen, wiederholt er meine Worte: „Frischt auf, frischt auf!" Und dabei macht er ein Gesicht, das mir bedeutet, er lasse mich nicht wegen des nebbichen Geldstücks passieren, sondern wegen meiner Wortspende. Ich spüre, es ist nicht gerade Hoffnung, die ihn auffrischt, doch ein Frühlingswunder scheint möglich: ein Frühlingsauffrischungswunder. Ostern ist ja nicht mehr fern.

ENDSTATION HIMMEL

Der Lift fährt nach oben, ich weiß nicht mehr, wer noch alles in der Kabine mit mir fuhr, als die Fahrt losging. Woran ich mich aber erinnere, ist die Einsamkeit, die ich fühlte. Ich war sozusagen in Einsamkeit eingegossen wie in eine Glaskugel oder eingelegt wie in Aspik. Ich erinnere mich auch, dass mir solche Bilder, die eigentlich bloß Wortmetaphern waren, durch den Kopf gingen und ich mir lächerlich vorkam, weil ich mich nicht entscheiden konnte: Glaskugel oder Aspik ... Das war doch meiner Situation, einer Situation – wie soll ich sagen? – existenzieller Ausgesetztheit völlig unangemessen! Der Lift fährt also nach oben, ich fühle mich einsam bis ins Mark meiner Seele („Mark meiner Seele", auch so eine Sache, nicht wahr?), und dabei hege ich die ganze Zeit über nicht den geringsten Zweifel, dass der Lift, der mich umschließt, nicht anhalten wird. Es wird immer weiter nach oben gehen, meine Einsamkeit wird stärker und stärker werden. Ich sehe mich um und tatsächlich – jetzt, da ich mich umsehe, bin ich in der Kabine allein. Mutterseelenallein. Aspik oder Glaskugel? Es sind immer die kleinen Widerhaken, die den Himmel aufhalten. Denn es kann doch wohl ebenfalls kein Zweifel darüber bestehen, dass dieser mein Traum von der Liftfahrt ohne Halten eine Himmelsreise ist, oder? Und dann doch der Stachel eines Zweifels: Warum hält der Lift nicht endlich an? Gibt es etwa gar keinen Himmel? In diesem Moment erwache ich mit dem Gedanken: Endstation Himmel, ich bin noch nicht tot!

Die Sehnsucht, von den Dingen nichts zu wollen

Am meisten fürchte ich die leeren Tage. Sie beginnen damit, dass ich aus dem Fenster schaue und den Eindruck habe, da draußen sei nichts mehr. Die Welt sei untergegangen, nein, das wäre schon zu viel des Guten. Nichts gegen einen anständigen Untergang, eine Apokalypse der einfachen Dinge. Das ergäbe immerhin eine schöpfungserhebliche Seinsdichte: das Ende aller Dinge in Echtzeit, sozusagen. Nein, was ich am meisten fürchte, ist, morgens aus dem Fenster zu schauen und alles ist, wie es ist, nicht mehr und nicht weniger. Denn für mich – und ich glaube kaum, dass man mich deswegen als eigenbrötlerisch oder gar verrückt bezeichnen dürfte – sind die Dinge, die bloß sind, wie sie sind, irgendwie auf eine letztmögliche Weise inexistent. Sie sind der Albtraum meines Wachseins. Das würde natürlich, sollte ich jemandem von diesem meinem allerschlimmsten Morgengrauen erzählen, sofort zu der Frage führen: Ja, was willst du denn eigentlich von Dingen mehr, als dass sie sind, was sie sind? Und eben darauf wüsste ich keine wirklich vernünftige Antwort. Die Vernünftigen sterben keineswegs aus, im Gegenteil, sie wachsen wie die Pilze im Regen aus dem Boden. Was also will ich von den Dingen, wenn ich morgens aus dem Fenster schaue? Ich will von ihnen nichts wollen! Das aber wird nicht der Fall sein, solange alles ist, wie es ist. Das reicht nicht am Morgen, um meine Sehnsucht zu stillen – meine Sehnsucht, von den Dingen nichts zu wollen, weil sie sind, wie sie sind.

GREISENSEX HATTEN WIR SCHON!

Auf der Suche nach den letzten Tabus war der Ressortleiter unserer Stadtzeitung wieder fündig geworden. Ich traf ihn frühmorgens, er kam von einem Ort, dessen Existenz er mir verriet, indem er, *in eroticis* ein Patchworker, mit den Augen zwinkerte (ich würde mir mein Teil schon denken, nicht wahr?). Ich kam gerade vom Bäcker, wo mir der dort neben der Tür platzierte Bettler – die neueste Ausgabe der Zeitschrift *Global Player* in Händen – „Schönes Wetter!" gewünscht und hinzugefügt hatte: „Frühling gut für Frau". Hm. Ich meinerseits hatte ihm jedenfalls nur das Beste gewünscht, wie immer froh, mich durch Entrichtung einer angemessenen Abstandszahlung vom Erwerb des *Global Player* freizukaufen. Der Ressortleiter, ein alter Bekannter, stets auf der Suche nach den letzten Tabus, vertraute mir an, endlich wieder eines gefunden zu haben: „Behindertensex! Na?? Gerade jetzt, wo alles sprießt und sprosst, das ist doch die knallrichtige Zeit, *in medias res* zu gehen und gründlich Rechenschaft abzulegen." Ich fragte ihn, wem eigentlich Rechenschaft abzulegen sei. Der Ressortleiter stutzte, um dann in das für ihn typisch bärenhafte Gelächter auszubrechen: „Na, der interessierten Öffentlichkeit natürlich!" Darauf ich, erbost: „Womöglich muss unsereiner demnächst auch noch Rechenschaft ablegen!?" Der Ressortleiter beäugte mich, um mir dann zu bescheiden: „Greisensex hatten wir schon, mein Lieber." Und während ich Reißaus nahm, hörte ich sein bärenhaftes Gelächter: „Sie altes Ferkel!"

Mit dem falschen Fuss richtig aufstehen

Immer öfter habe ich das Gefühl, meine Gefühle seien nur noch Imitationen *echter* Gefühle. Viele Jahre lang hatte ich das Gefühl, morgens mit dem falschen Fuß aufzustehen. Das war mein kleiner täglicher Akt der Subversion: Da stand ich vor meinem Bett, innerlich erfrischt, weil mit dem falschen Fuß aufgestanden, und keiner außer mir wusste, was für ein Subversiver ich doch war. Seit geraumer Zeit muss ich indessen bemerken, dass mir vorkommt, ich würde mich selbst imitieren, während ich bloß mit dem einem Gedanken aus dem Bett steige, mich nicht unterkriegen und auf den rechten Fuß ausrichten zu lassen. Und was wäre denn das für ein Subversiver, der sich selbst imitiert? Bin ich etwa ein Schauspieler meines eigenen Lebens, meiner intimsten Selbstverwirklichung gegen den graubeinigen Durchschnitt derer, die täglich mit beiden Beinen aus dem Bett springen? Mit dieser bangen Frage geht das bange Gefühl einher, meiner Morgensubversion verlustig gegangen zu sein. Ich habe keinen falschen Fuß mehr, um mit ihm aufzustehen! Wäre es also nicht hoch an der Zeit, mit dem richtigen aufzustehen? Und als ich nun aber heute Morgen dieses neue *echte* Gefühl habe, nicht zu wissen, welches mein richtiger Aufstehfuß sei, rüttelte ich, aus dem Bett gesprungen, meine schlafende Frau wach, um ihr mitzuteilen, dass für mich, als Morgensubversionsfüßigem, noch Hoffnung bestehe – was sie, die Wachgerüttelte, mit den Worten kommentiert: „Bist wohl wieder einmal mit dem falschen Fuß aufgestanden."

Die Freude, dass es wieder einmal so weit ist

Schlechte Tage hat unsereiner halt auch. Warum nicht? Jedes Jahr dasselbe, nach Regen folgt Sonnenschein *et vice versa*. Das sagte ich gestern einem alten Freund, den man unter alten Freunden wegen seiner schlechten Laune gerne einen „mieselsüchtigen alten Sack" nennt. Plötzlich begann er mir hymnisch vorzuschwärmen, wie jetzt morgens das Licht bereits eine Stunde früher durch die Jalousien zu sickern beginne. „Herrlich, nicht wahr?" Darauf wusste ich bloß zu erwidern: „Jedes Jahr dasselbe!", zumal ich die Frühsonneneuphorie meines alten Freundes für ein Stimmungsmachertheater hielt. Klar, ich hatte meinen schlechten Tag, den ich immer wieder einmal habe. Mein alter Freund aber nahm meine Ignoranz gegenüber dem Licht, das jetzt bereits eine Stunde früher durch die Jalousien sickerte, als ein Zeichen dafür, dass ich ein mieselsüchtiger alter Sack geworden sei. Also sagte er zu mir: „Du mieselsüchtiger alter Sack!", was ich mir nicht gefallen lassen wollte, weil ich doch bloß einen meiner schlechten Tage hatte, und gab ihm das Kompliment zurück: „Selber einer!" Darauf er: „Wer sagt das?" Darauf ich: „Ich." Darauf er: „Du hast es gerade nötig!" Da standen wir uns also gegenüber wie zwei junge Kampfhähne, die einander bezichtigten, mieselsüchtige alte Säcke zu sein. Die Folge: kindisches („bubenhaftes") Gelächter auf beiden Seiten. Und heute, als die Sonne eine Stunde früher durch die Jalousien zu sickern beginnt, freue ich mich, dass es wieder einmal so weit ist.

Das Wichtigste ist, dass man's versteht

E., meine ältere Enkeltochter, erzählt mir von ihrem Traum, welcher der schrecklichste und lustigste zugleich gewesen sei. Sie habe von einem riesigen Mann mit einem riesigen Vollbart geträumt, der auf einem riesigen Stein saß, unter dem es von Würmern und Kröten nur so wimmelte. Der vollbärtige Riese hatte ganz schlechte Zähne – was die Zahnputzfee sicher ärgerte – und griff immerfort nach hinten, wo er in einem riesigen Sack viele, viele kleine Kinder stecken hatte, die er der Reihe nach herauszog und auffraß. Am Schluss steckte er sich H., meine jüngere Enkeltochter, ins Maul. H., die sich E.s Traum anhört, sagt gutgelaunt: „Aufg'fressen!" Dann aber, so E., als der Kinderfresser gerade dabei war, H. aufzufressen, sei er, schrecklich prustend, übers ganze Gesicht blau angelaufen und, während er H. wieder ausspuckte, tot von seinem Stein auf die Würmer und Kröten gefallen, *platsch und quatsch*. Das sei das Lustigste gewesen, was E. jemals geträumt habe, weil nämlich aus dem aufgerissenen Maul des Riesen alle Kinder wieder lachend herauskrabbelten. Jetzt muss auch H. lachen und sagt: „Quatsch und platsch!", was E. erzürnt, weil, wie sie poltert, *das* ja nicht das Wesentliche gewesen sei. Verdutzt frage ich E., was denn das *Wesentliche* gewesen sei, und erhalte eine Antwort von oben herab: „Dass man's versteht!" Dagegen lässt sich nichts sagen. H. sagt: „Quatsch und platsch!", um uns zu zeigen, dass sie's doch verstanden hat. Und das ist mehr, als ich von mir sagen könnte.

Der Mensch, der sich nichts mehr gefallen lässt

Kennt nicht jeder einen Menschen, der sich nichts mehr gefallen lassen will? Auch ich kenne einen. Mir erscheint dieser Mensch, fast schon einer meiner „Lebensmenschen", regelmäßig in Gestalt einer Nachbarin im Stiegenhaus. Sie führt ihren sich duckenden Hund an der Leine, einen „Mischling" mit vermutlich einem halben Dutzend Rassen in seinen Genen, die ihn widerstandsfähig gegen die Fährnisse eines Hundelebens gemacht haben. Und doch: Gegen die ständige Beteuerung seines Frauchens, dass es sich nichts mehr gefallen lasse, ist er machtlos. Ihm bleibt nur, sich zu ducken. Und dabei tut er alles, aber auch wirklich alles, was sie von ihm will. Sagt sie „Sitz!", sitzt er. Sagt sie „Marsch!", marschiert er. Sagt sie „Bussi!" und hält ihm ihr Gesicht hin, gibt er Bussi. Trotzdem will sie sich nichts mehr gefallen lassen. Ihr Zorn, dass sie sich in ihrem Leben bereits viel zu viel habe gefallen lassen, ist universell geworden; er springt von den Frechheiten, die sie sich nicht mehr gefallen lassen will, auf die frechen Subjekte über, seien es Ex-Ehemänner, Hunde oder Sonstiges, das ihr über den Weg läuft. Ihrem Hund droht sie fürs nächste Mal ernsthaft an, statt mit ihm bloß mit seiner Leine Gassi zu gehen, und mir sagt sie „gleich mitten ins Gesicht hinein", was sie mir schon immer sagen wollte (und mir schon x-mal gesagt hat): Ich sei auch „so" einer. Darüber bin ich übrigens recht froh. Nicht auszudenken, einer zu sein, von dem sie sich noch etwas gefallen lassen wollte.

Mein Existenzialrequisit dieses Morgens

Mit Mahlers 5. Symphonie, cis-Moll, der ich gestern in der hiesigen Konzerthalle lauschte, verhält es sich folgendermaßen: Nach dem Trauermarsch des Beginns wartet alles viele Minuten lang auf das Adagietto des dritten Abschnitts. Schon bevor, „sehr langsam", die Melodie anhebt, beginnt der Konzertbesucher innerlich zu zerfließen. Die Musikseelen der Hörer sind dann sehr, sehr nahe am Wasser gebaut, man kennt das. Und man kennt es vor allem seit Viscontis Film über den *Tod in Venedig*, wo ebenjene Melodie erklingt, als der knabenliebende Komponist aufs Meer hinausschaut und alle kundigen Betrachter wissen: Es muss gestorben werden. Auch mir erging es nicht anders, doch heute Morgen, während ich mich darüber ärgere, dass die Orangenmarmelade aufgebraucht ist, muss ich an den Mittelteil der Symphonie denken, das lange, unruhige „Scherzo", das weder aus noch ein weiß, weder musikalisch noch thematisch, und bei dem alle Adagietto-Sehnsüchtigen in Wartehaltung dachten: „Da müssen wir durch." Jedenfalls dachte ich jetzt, innerlich unruhig wegen der Orangenmarmelade, dass wir, meine Frau und ich, beim Frühstück da jetzt durchmüssten. Aber gleich darauf, indem mir wuchtige, erratische Bruchstücke des Scherzo durch den Kopf trieben, wurde mir klar, dass, wenn ich da jetzt nicht durchmüsste, es am Ende auch kein Adagietto geben könnte, um meine Seele darin zu baden, nicht wahr? Und so gesehen, wurde mir die aufgebrauchte Orangenmarmelade zum wichtigsten Existenzialrequisit dieses Morgens.

Was nachher kam

Heute fällt mir beim Herumkramen in meinem Bücherregal eine Gedichtanthologie in die Hände: *Der tausendjährige Rosenstrauch*. Ich lese einige Verse, während ich wieder einmal den Zucker verschütte, dann die Marmelade nicht finde, dann zu viel Kaffee in den Filter leere (jetzt heißt es, den Überschuss in die Kaffeepackung zurücklöffeln) und schließlich, zu allem Überdruss, feststellen muss, dass (a) die Milch flockig geworden und (b) das Frühstücksgebäck, ob Brötchen oder Toastbrot, durch Abwesenheit glänzt. Ungewaschen und ungekämmt mache ich mich unwirsch zum Bäcker auf den Weg, der, geschäftstüchtig, stets mit einem Kühlschrank voll frischer Milch aufwartet. Gerade war ich noch von jenem Gedicht des Bertold Brecht tief aufgewühlt, worin es heißt: „Lasst euch nicht verführen / Zu Fron und Ausgezehr ..." Denn die Strophe endet mit dem Hammersatz: „Ihr sterbt mit allen Tieren / Und es kommt nichts nachher". Ich spürte Gänsehaut bei dem Angedenken an den edlen Menschheitsatheismus der großen Arbeiterbewegung von einst. Man wollte das Ende aller Ausbeutung, und, ja, jawohl, man wollte eine Friedenswelt, worin zu gelten hätte: Jeder nach seinen Fähigkeiten, jedem nach seinen Bedürfnissen! Ha, ich weiß aber, was nach all dem kam, wozu man sich nicht hätte verführen lassen sollen: Nicht nichts kam nachher, sondern der Weg zum Bäcker, ungewaschen und ungekämmt. Doch seien wir ehrlich: Es hätte viel schlimmer kommen können, nämlich derart, dass nichts nachher kommt.

Die verspäteten Osterhasen

Schon wieder soll der weltgrößte Teilchensuperbeschleuniger aufregende Daten geliefert haben, welche die Annahme irgendeines bisher unbekannten superkleinen, superschweren Teilchens untermauern. Und schon wieder würde sich ein Superwissenschaftler zu wetten trauen, dass, falls es ein solches Superteilchen gibt, es auch andere Superteilchen geben muss, und zwar wegen irgendwelcher Supersymmetrien, oder was weiß ich. „Was weiß denn ich?", denke ich mir, während ich ein paar Zuckerbrösel, in denen die angeblich gefundenen Superteilchen ihr Wesen oder Unwesen treiben, von der Frühstückstischdecke wegputze. Es schaut einfach nicht schön aus, wenn es zwischen Butter und Marmelade bröselig wird. Als ich jung war, faszinierten mich die Welten des Kleinsten und Größten bis zur religiösen Gänsehaut. Heute lässt mich das alles kalt. Ich schaue aus dem Fenster, zwischen der Kalligraphie meiner Orchideen auf dem Fensterbrett hindurch, und bin von den weißen Wölkchen bezaubert, die vor einem sonnigen Morgenblau dahinziehen. „Ich bin wohl alt geworden", lasse ich meine Frau wissen, die gerade ihre Semmel mit Butter und Marmelade bestreicht. Worauf mich meine Frau ungerührt tröstet: „Schön, dass du endlich hier angekommen bist." Ich schaue noch einmal aus dem Fenster, die weißen Wölkchen haben die Gestalt von Osterhasen angenommen. „Zu spät", denke ich heiter, „trotz der Superteilchen, die dort oben ihr Wesen oder Unwesen treiben". Pfingsten steht uns ja bald ins Haus. Ein schöner Morgen.

KEIN FENSTER NACH DRAUSSEN

Aufgewacht im Hotelzimmer der Weltstadt, alarmiert mich der erste Morgensatz meiner Frau: „Aber die Fenster lassen sich nicht öffnen!" Wir logieren im sechsten Stock und diese Lage gibt immerhin Anlass zu der Befürchtung, der eine oder andere Gast, womöglich, aus reiner Entdeckerlust, auch einmal ein Kind, könnte auf das Fenstersims klettern und in die Tiefe springen. Unser Fenster besitzt eine ideale Sprunglage, es geht in einen Hinterhof, auf ein weit unten liegendes Zwischendach aus Zement oder Beton. Während ich derart frivolen Gedanken nachhänge, wird mir plötzlich der Hintersinn des Satzes klar, den meine Frau äußerte, freilich bloß, um ihr Missbehagen auszudrücken (sie schlief wegen der Klimaanlage schlecht, ich auch): Gestern Abend, als wir durch die City bummelten, bereits zermürbt durch das Auf- und Abrennen über die steilen Treppen der Untergrundbahn, litt ich unter einem klaustrophoben Gefühl, das sich bei mir zuinnerst festgesetzt hatte. Hier, in der Metropole der westlichen Welt mit ihren vielen Kulturen, welche sich wechselseitig als die Altbekannten anstarren, die einander noch immer nicht mögen, gibt es keine Fenster nach draußen. Der Beklommene aus der Provinz (ich), der sein Heil in einer der zahlreichen, von Touristen umschwirrten und durchschwärmten Gotteshäuser sucht, wird zwar die Kirchenfenster bewundern, aber ohne jenes Aufatmen, das ihnen einst eingegossen war: *Way out* ... Jedes Nachdraußen ist nun ein Weiterhinein in die Fensterlosigkeit dieser Welt.

Der Schleier ist unsere Schande

Beim Frühstück die kulturelle Vielfalt, Tisch neben Tisch: das friedliche Miteinander von Menschen, die zwischen den aufgelegten Speisen hin und her eilen, mit dem Besteck klappern, über Teller und Schalen gebeugt Tagespläne erörtern; dazwischen Alleinsitzende, die via Handy emsig tun. Solcherlei Treiben lässt den heiteren Blick in einen Nebenraum gleiten, wo die Männer mit ihren verschleierten Frauen sitzen. Ich werde die Verschleierten tagsüber in den Konsumtempeln der Stadt wieder treffen. Kreditkartenbewehrt gehen sie dann in kleinen Gruppen plaudernd shoppen, beginnend mit den schwerduftenden – „orientalischen" – Parfüms, die von vifen Geschäftsleuten gleich zu ebener Erde, nahe dem Eingangsbereich, präsentiert werden (die luxuriöse Lingerie, ultimatives Einkaufsziel so mancher Schleierträgerin, ist in den oberen Stockwerken, fernab des offen Einsehbaren, ausgelegt). Es ist meiner abendländischen Provinzialität geschuldet, dass mich, hier und jetzt, das Benehmen der abseits frühstückenden Männer, alles Geldleute, samt ihren Frauen als Unhöflichkeit berührt; ich glaube die Verachtung zu spüren, die vom Benehmen dieser Leute ausgeht: Während man die westliche Tischgesellschaft meidet, weiß man den Westen zu benützen, der vor dem Mammon schlau katzbuckelt. Resümee meines Morgengrauens: Dass der Schleier nicht fällt, ist unsere Schande, nicht die Schande jener, welche sich weigern, auf ihn – aus Höflichkeit vor den selbstachtungslosen Sitten des Gastlandes – zu verzichten.

Der Traum von den nutzlosen Augen

Gestern flanierte ich durch eine der weltgrößten Sammlungen altägyptischer Kulturerzeugnisse (immer ist das Prädikat des „Weltgrößten" mit dabei), und heute Nacht war ich Teil einer archäologischen Rotte, die sich in fremde Erden hineinbuddelte, um dem Vaterland zu bringen und darzubringen, was ihm zusteht: alles, was herausgebrochen und herbeigeschafft werden kann aus den Tiefen, den Steinkammern und lichtlosen Höhlen, in denen Splitter, Scherben, Tonnenblöcke des Menschheitserbes überdauerten. Alles, alles, alles! Ich war Teil einer Rotte, die bei jedem Sprung vorwärts mehr und mehr zu erblinden schien, während sie sich tiefer und tiefer eingrub in die stummen, augenlosen Träume der Altvorderen, die wir aus ihrem Jahrtausendstupor emporschrecken und mit unserer Ekstase mitreißen wollten. Tatsächlich erblindeten wir rasch, verklumpten zu Nacktmullhaufen, die aus nichts als Augen bestanden, welche schließlich nur noch Dekor waren: im Grunde zu gar nichts gut. Wenn dann, nach wer weiß wie vielen Äonen, zur Erde niedergestürzte Meteoritengottheiten, weise Aliens auf der Suche nach Menschlichem, unsere Erde durchwühlen sollten – dann wären wir da, rundum augenbestückt. Die Aliens würden glauben, unsere Augen seien unser Wesentliches gewesen, obwohl sie doch am Ende zu nichts mehr gut waren. Unsere toten Augen, die einst unter dem Bannstrahl unserer habgierigen Seele verkrusteten, würden von den Aliens verehrt werden: als das Geheimnis des Menschen, das es zu entschlüsseln gälte …

Eine Frage der gottgefälligen Höflichkeit

Heute Morgen, als mein historischer Sinn noch gelähmt war – wohl die Folge von Traumpräsenzen, die keine Vergangenheit und keine Zukunft kannten, bloß das Hier-und-Jetzt, worin nichts wirklich, weil alles hintergrundlos *da* war –, fiel mir ein, dass es keine Kultur zu geben scheint, worin Gott zuallererst als höflich gedacht würde. Liebe, Gerechtigkeit, Allmacht, auch Zorn bis zur Auslöschungswut aller Ungläubigen und Heiden, ja der eigenen Gefolgschaft: Das alles kennt man von Gott, dem Gnädigsten, und hat sich daran gewöhnt und hat es in Demut besungen und ertragen. Ich hingegen glaube in meinen historisch blinden Momenten, bevor ich, der Provinzmensch, im Weltstadthotel beim Frühstück auf die zur Gänze schwarzverschleierten Frauen treffe, an den Gott aller Menschen. Gewiss, ihm zu bescheinigen, man wüsste über seine Absichten Bescheid – Schleier ja oder nein? –, wäre lästerlich; und doch kommt mir vor, dass die wichtigste Eigenschaft des Gottes aller Menschen seine Höflichkeit sein müsste. Niemals würde er es dulden, dass wir uns herablassend, gar respektlos verhalten, so, als wären nur die eigenen Leute mit Würde und Zartgefühl begabt, und zwar gerade dort, wo in der flüchtigen Begegnung ein Absolutum waltet – das Absolutum, einander als Wesen zu begegnen, die auf IHN ausgerichtet sind. Die Frage des Schleiers ist für mich, in meinen geschichtstauben Momenten, eine Frage der gottgefälligen Höflichkeit, die wir uns wechselseitig schulden, nicht mehr und nicht weniger.

Vortritt vor den Dränglern im Glauben

Als ich heute erwache, nachdem gestern im Hotel ein Hochzeitsbasar abgehalten wurde (ich spüre noch das Knistern der Erotik), fällt mir gleich wieder der Gott aller Menschen ein. Auf seine Höflichkeit sollte Verlass sein. Mich fesselt – ich bin wohl theologisch noch nicht auf der Höhe des *mysterium tremendum et fascinans* – die Vorstellung eines Gottes, der, ohne zu eifern, durch sein Vorbild die Menschen zu unbedingter Höflichkeit verführte; der beim Eingang in das Ewige dem Ungläubigen ein bisschen die Tür aufhielte und ihm den Vortritt ließe vor den Dränglern im Glauben, egal welcher Konfession. So ein Gott sollte der dummen Menschheit präsidieren, deren Mitglieder, angeblich Homines sapientes, einander wegen der Missachtung angeblich „ewiger" Werte verachten, hassen und in den Tod bomben. Ein höflicher Gott würde uns armseligen Kreaturen vormachen, wie es wäre, die Grundregeln des zivilisierten Umgangs zu beachten. Der Hotelhochzeitsbasar leuchtete mir, unter all dem Fremdeln, dem Wegschauen und Blindstellen, als ein Höhepunkt der Menschlichkeit ein, weil er allen flanierenden Hotelgästen gleichermaßen offenstand, auch wenn man sich wortlos darin einig war, dass unsereiner (ich) zwischen den ausgestellten Herrlichkeiten eben nur Besucher war: einer, der wieder geht. Man blieb in der Anonymität seines eigenen Wesens und war doch anerkannt als einer, der hier und jetzt *da* ist. Dasein als Mitdasein – dies wäre das Wesen einer universellen Höflichkeit, um Gott zu gefallen.

Die Unschuldigen sterben aus

Spätabends das Gedränge auf dem Flughafen. Schwerbewaffnete Polizisten hatten sich breitbeinig in den Boden gerammt, postiert hinter den Security-Gerätschaften, mit denen die Reisenden, die zu ihrem Gate strebten, samt allem, was sie mit sich führten, auf explosives Material durchsucht, abgegriffen, körpergescannt wurden. Meine Frau und ich waren Personen, die von da nach dorthin – nach Hause – wollten und daher a priori verdächtig waren. Nach dem wieder einmal neusten Terroranschlag (wir leben ja in der Zeit des immer wieder neuesten Terrors) registrierte ich es als meine staatsbürgerliche Pflicht, den Status eines Apriori-Verdächtigen zu akzeptieren. Wie musste es erst jenen ergehen, die hinter ihrem gottgefälligen Schleier unschuldig lebten? Wo waren sie geblieben, die mich, einen Ungläubigen, in der Weltmetropole auf Schritt und Tritt ignoriert hatten? Sie waren längst in die andere Richtung unterwegs, immer in die andere … Dann, heute Morgen, als ich auf der Titelseite der Zeitung die Schlagzeile lese, „Täter identifiziert", geniere ich mich ein wenig wegen meines gestrigen Unmuts über meine Apriori-Verdächtigkeit. Die Unschuldigen sterben aus. Jetzt schaue ich durchs Fenster, auf die Kirche gegenüber. Einige Asylanten, quirlige Kinder an der Hand, verlassen ein Seitentor – es gibt dort hinten eine Notversorgung der Caritas –, mit Paketen unterm Arm. Ich bin froh, wieder zu Hause zu sein, im Land der unverschleierten Barmherzigkeit, *allahu*, „Gott aller Menschen", *akbar*.

Wenn das blühende Leben chronisch wird

Wenn es wärmer wird, bekomme ich mein chronisches Morgenhalsweh. Ich wache auf, weil mir der Hals weh tut. „Kein Zweifel", denke ich mir, „es ist schon wieder wärmer geworden." Ich komme jetzt schön langsam – ich schlucke diese Wendung gleichsam meinen wehen Hals hinunter, „schön langsam", mit ironischer Betonung auf „schön" – in das Alter, wo alles chronisch wird. Kein Zweifel, was ich bin, wird zum chronischen Fall. Das ist eine Ausgangslage, die geeignet scheint, aus Anlass des Halswehs, das sich einstellt, sobald es wärmer wird, Betrachtungen zur existenziellen Chronizität anzustellen oder aber beim Arzt vorbeizuschauen, um sich eines dieser neuen Halswehwundermittel verschreiben zu lassen, die im Fernsehen feilgeboten und angepriesen werden. Dabei fällt mir auf, dass auch das Feilbieten und Anpreisen von Halswehwundermitteln chronisch geworden zu sein scheint. Wenn ich mich recht entsinne (chronischerweise fällt mir das Entsinnen mit dem Wärmerwerden leichter), bewirbt die Halswehmittelindustrie ihre Wunderprodukte besonders heftig, wenn es wärmer wird. Heute Morgen mache ich mir eine mentale Notiz zu einem Nachdenk- und Aufschreibprojekt: „Existenzielle Chronizität". Beim Frühstück erzähle ich meiner Frau von meinem Projekt. Sie schaut mich kurz an, dann versichert sie mir, ich sähe aus wie das blühende Leben. „Und wenn das blühende Leben chronisch wird?", frage ich pikiert zurück. Dann, sagt meine Frau, sollte man vielleicht doch zum Arzt gehen.

DER GRIFFEL DES LEBENS

Tag für Tag sitze er vor einer leeren Seite als seinem absoluten Schrecken. Dies sei die pure, ungeschminkte Wahrheit seines Schreiberlebens. Er ist Schriftsteller, ich bin mit ihm befreundet, seit wir zusammen aufs Gymnasium gegangen sind. Weil er ein guter Schriftsteller ist, dessen tagtägliches Leiden Respekt verdient, habe ich ihm meine Version der Geschichte nie erzählt. Es ist die Morgengeschichte von der leeren Seite als unbeschriebenem Blatt. Wenn ich aufwache, bevor ich mit dem wieder einmal falschen Fuß aus dem Bett steige, versuche ich mir vorzustellen, ich sei ein „unbeschriebenes Blatt". Das ist natürlich eine Illusion, der ich mich einige Augenblicke lang hingebe. Aber es fällt mir nicht schwer, sie zu hegen, solange mein Gehirn, unterwegs zur Wachwelt, sein Erinnerungsgeplapper noch nicht begonnen hat. Als unbeschriebenes Blatt weiß ich nicht, wer ich bin. Oder doch: Ich weiß, dass ich nicht weiß, wer ich bin. Gleich wird das Leben an mich herantreten mit seinem – wie heißt es so schön altmodisch? – „Griffel", um auf mir, dem unbeschriebenen Blatt, seine Erzählung fortzusetzen: eine Lebensgeschichte. Wie könnte ich da, das eben noch unbeschriebene Blatt, mir selbst der absolute Schrecken sein? Vielleicht liegt's ja auch am Griffel, mit dem das Leben schreibt. Mein Schulfreund, der Schriftsteller, schreibt am Computer, seine leere Seite ist der elektronisch geweißte Bildschirm. Mit dem Griffel will er's nicht versuchen; er wüsste gar nicht, wo er einen herbekäme.

Antwort auf die Frage,
wer oder was man sein möchte

Heute fiel mir beim Aufwachen die Frage ein, wer oder was ich wohl sein und werden möchte, *falls* ich noch einmal zur Welt käme und mein Leben noch einmal leben dürfte. Das war die Nachwirkung der Lektüre einiger Aufsätze in einem Sammelband zur Philosophie des Buddhismus. Philosoph A, der darin schrieb, war der Ansicht, diese Frage sei die „Crux" jeder Theorie der personalen Identität; bevor man diese Frage nicht beantwortet habe, könne man überhaupt nicht wissen, wer man sei. Philosoph B – ein Schüler von A – war gegenteiliger Ansicht: Die Frage sei sinnlos, weil man sie immer nur vom Standpunkt ebenjener Identität, die man bereits sei oder habe, beantworten könne. Um die Frage zu beantworten, müsste man wissen, wie es wäre, ein anderer zu sein als der, der man ist – was wissen zu wollen sinnlos sei. Nun möchte ich, bevor mich der anrollende Sonnentag strahlend überrollt, wissen, wer oder was ich sein möchte, *falls* ... Mir fällt aber nichts ein. Das bekommt meine Frau, die neben mir schläft, zu spüren. Ich rüttle sie wach und frage sie, wer oder was sie sein möchte, *falls* ... Und sie sagt: „Eine, die man noch ein Viertelstündchen lang schlafen lässt!" Weil mich ihre provokante Ignoranz angesichts des Problems personaler Identität ärgert, frage ich nach: „Und das ist alles?" Da hat sie sich schon auf die andere Seite gedreht, um noch ein Viertelstündchen lang weiterzuschlafen. Sie ist die, die sie sein möchte; kein *falls*. Zeit für mich, das Frühstück zu bereiten.

DEN LIEBEN GOTT EINEN GUTEN MANN SEIN LASSEN

Es ist zehn vor zwölf, nachts, ich will gerade schlafen gehen, da macht mein Computer „Ding-Dong". Eine E-Mail zu später Stunde, aber das elektronische Universum ist ja rund um die Uhr *in full swing*. Also rapple ich mich auf, wer weiß, was mir das Universum mitzuteilen hat. Die Botschaft kommt aus Amerika, ein Biologe, Inhaber eines renommierten Lehrstuhls an der weltweit sechsbesten Universität, hat eine Massenaussendung des Inhalts gemacht, dass Gott nicht nur nicht existiert – worüber kein weiteres Wort verloren werden sollte –, sondern vor allem ein schädliches Ideenvirus ist. Und weil es sich bei diesem Experten für die letzten Fragen der Menschheit um einen Witzbold zu handeln scheint, schlägt er der *expert community worldwide* vor, eine Impfung gegen dieses Virus zu entwickeln. Obwohl: Aufgrund der hohen „Durchseuchungsrate des Globus" (*global infection rate*) bestehe kaum noch begründete Hoffnung, die Menschheit gegen die Gottesinfektion zu immunisieren, bevor das Virus alle Gehirne umprogrammiert habe, einschließlich der noch einigermaßen intakten *Cerebra irreligiosa*. Das klingt, was mein Gehirn angeht, beruhigend, besonders vorm Schlafengehen. Denn wenn – so denke ich schon reichlich dämmrig – für mich ohnehin keine Chance besteht, dem Gottesvirus zu entkommen, dann kann ich morgens getrost aufwachen. Packt mich das Morgengrauen, wird mir das Virus den Weg weisen: aufstehen, Frühstück zubereiten und den lieben Gott, wie man so sagt, einen guten Mann sein lassen ...

Der fehlende Schatten grosser Ereignisse

Als ich heute Morgen im Bus Richtung Urnenfriedhof (mit Zwischenstation Universität, wo ich vorerst noch auszusteigen pflege) auf einen mir völlig unbekannten Menschen traf, verriet mir sein Torkeln, dass es sich um einen Übernächtigen handelte, der seinen Restalkohol auslebte. Vor Zeiten wäre es sein Gewohnheitsrecht gewesen, den Rausch, den er sich nachts tüchtig angetrunken hatte, öffentlich auszuschlafen. Doch nicht nur dieses Recht ist eines, das unserer diätetischen Gesellschaft widerstrebt. Mehr noch: Der berauschte Mensch stand gerade morgens unter dem Schutz und Einfluss von Dämonen, die ihn, sofern er keinen Schlaf fand, mit hellseherischen Fähigkeiten begabten. Im Betrunkenen steckte einst mehr als die Verwirrtheit desjenigen, der aus der Tiefe seiner Berauschtheit nicht gleich zur staubtrockenen Realität zurückfindet. Es war eben mehr im Spiel, eine illuminierte Weitsicht, die, bevor sie sich zur Nüchternheit des laufenden Tages verdüsterte, hinter allem vordergründigen Unsinn der alkoholisierten Worte etwas Orakelndes durchscheinen ließ. So hätte es auch heute sein sollen. Der auf mich zu Torkelnde sprach die hellsichtigen Worte: „Große Ereignisse werfen ihre Schatten voraus." Da musste ich erkennen, dass das Abendland für den morgendlichen Normalbetrieb nicht mehr existiert. Entsprechend kleinmütig war die gereizte Reaktion der Umsitzenden: „Rausschmeißen, den Idioten!" Denn hierorts, Richtung Urnenfriedhof (mit Zwischenstation Universität), gibt es keine großen Ereignisse, die ihre Schatten vorauswerfen könnten. Ach.

WARUM ICH ENDLICH HINSCHAUEN WERDE

Es entzückt mich, wenn H., meine jüngere Enkeltochter, sich wegen meiner Begriffsstutzigkeit ärgern muss. Etwas gelingt nicht, wie es gelingen sollte, und E., meine ältere Enkeltochter, weiß natürlich alles, weshalb sie H. gerne belehrt, die sich von E. gerne belehren lässt. Und auch das entzückt mich, dieser pädagogische Eros voller Unschuld und ganz ohne Kalkül. Gestern telefonierte ich mit H. Bei sich zuhause vor dem Fernseher zappelnd, drückte sich H. das Handy meiner Tochter fest ans Ohr und sagte zu mir, dem Opa, der bei sich zuhause saß, etwas, was heißen hätte sollen: „Schaue Kika", den Kinderkanal. Ich hingegen – man wird mit den Jahren auch nicht hellhöriger – verstand etwas, was ich nicht verstand, nämlich „Haue Mika". Deshalb fragte ich, da ich niemanden namens Mika kenne, mehrfach, warum H. den mir unbekannten Mika haue, weshalb H., so meine Tochter hintennach, fuchsteufelswild auf den Fernseher gezeigt und geschrien habe: „KIKA!!!", um dann das Handy in die Ecke zu pfeffern. Während E. auf H. einredete, dass ich, der Opa, ja nicht sehen könne, dass sie, H., auf den Fernseher zeige, wenn sie, H., mit mir, dem Opa telefoniere, der bei sich zuhause sitze, soll H. entnervt über so viel Unverstand gekreischt haben, ich, der Opa, solle ENDLICH HINSCHAUEN. Jawohl, so ist es, dachte ich bei der Erzählung meiner Tochter entzückt. Heute nehme ich mir gleich beim Aufstehen vor, *endlich hinzuschauen*, und kann es nun gar nicht erwarten, meine Enkeltöchter in die Arme zu schließen.

Der Anfang vom Ende

Auf der Suche nach einer Morgenlektüre bei T. S. Eliot gelandet: *The Four Quartets*. Statt mich zu entspannen, halte ich gleich fieberhaft nach der berühmten Zeile Ausschau. *In my beginning is my end.* In ihr steckt die Essenz eines jeden Morgens, der graut. Im ersten Dämmer des Tages liegen die Schatten der vergangenen Nacht, die, wie so oft bedichtet und gemalt, von den Strahlen des am Horizont aufsteigenden „Gestirns" zerstreut werden. Die Schatten der Nacht sind Erinnerung und Ankündigung: Auch dieser Tag, der eben erst beginnt, wird zu Ende gehen. Nichts ist banaler als derlei Einsicht. Und doch ist sie es, die mich mein Leben in einer Stimmung überblicken lässt, für die mir nur *ein* Wort passend scheint: Morgengrauen. Immer öfter ertappe ich mich dabei, dass ich mich meiner Kindheit und Jugend nicht bloß als etwas Aufkeimendem erinnere. Ich denke vielmehr an den Anfang von einem Ende – meinem. Der Vorlauf zum Tod, über den Heidegger philosophierte, ist ein Rücklauf in die Anfänge dessen, worin das Versprechen des Endes keimt. Das Versprechen ist im Anfang enthalten und die Zeit kommt, um es einzulösen. Was für ein Versprechen? So fragt es in mir jeden Morgen, und jeden Morgen ist die Antwort die gleiche: Um das, dieses *mysterium mysteriorum* meines Lebens, aufzuschließen, muss erst der Anfang vollendet sein, und nie, niemals bin ich mir restlos sicher, ob überhaupt schon etwas angefangen hat. Na ja, immerhin ist es Zeit, die Frühstücksbrötchen aus dem Ofen zu holen – sie jedenfalls sind, goldbraun und knusprig, zu Ende gebacken ...

Danksagung

Das Umschlagbild ist eine Montage von Mario Kaiser. Sie wurde mir von Corinna Virchov und Mario Kaiser, den Herausgebern des „Magazins für Wissenskultur", *Avenue,* zur Abbildung überlassen. Dafür sei ihnen herzlich gedankt. Ferner danke ich Raimar Zons, der mich nicht nur auf dieses Bild hinwies, sondern darüber hinaus ermutigte, meinem Morgengrauen einen literarischen Ausdruck zu verleihen. Ihm ist auch der Untertitel, *Ein Journal zum philosophischen Hausgebrauch,* geschuldet; ich habe bloß das Wort „philosophisch" hinzufügt. Im Übrigen spielt der „Hausgebrauch", mit seinem bereits ein wenig heimeligen Klang, auf die Tradition der Kalenderblätter und ihrer Kalendergeschichten an. Die aus dieser Tradition hervorgegangene, wohl bekannteste – und als Kunstgattung gestaltete – Sammlung stammt von Johann Peter Hebel: *Schatzkästlein des Rheinischen Hausfreundes* (1811). Nicht jedoch wollen sich die vorliegenden Miniaturen zum Morgengrauen in das heutige Ratgebergenre einreihen; mit derlei propädeutischem Schrifttum haben sie nichts im Sinn.

Namensverzeichnis

Adorno, Theodor W. 72
Allert, Tilman 45
Aristoteles 42, 175

Bacon, Francis 74
Baker, Nicholson 40
Bond, James 171
Brahms, Johannes 181
Brecht, Bertold 231
Brueghel d. Ä., Pieter 71
Busch, Wilhelm 48, 100

Claudius, Matthias 89, 132
Clooney, George 53

De Niro, Robert 68
Del Rey, Lana 37
Doderer, Heimito von 89, 91

Einstein, Albert 105
Eliot, T. S. 9, 245
Elton, John 168

Fassbinder, Rainer Werner 179
Fichte, Johann Gottlieb 17

Gabriel, Markus 99
Goethe, Johann Wolfgang von 73, 150

Handke, Peter 71, 95, 205, 218
Harper [Sheen], Charlie 102
Hathaway, Anne 68
Hebel, Johann Peter 247
Hegel, Georg Friedrich 163, 183, 191
Heraklit von Ephesos 44, 63
Heidegger, Martin 46, 53, 65, 108, 179, 246
Hitler, Adolf 14, 78
Hölderlin, Friedrich 154

Horkheimer, Max 34, 75
Hunt, Helen 24
Kaiser, Mario 247
Kant, Immanuel 84, 125, 130, 212, 216
King, Stephen 106
Kripke, Saul 202

Lady Di [Diana, Princess of Wales] 168
Leibniz, Gottfried Wilhelm 109
Lilienkron, Aranka von 86
Lobe, Mira 38
Lorenz, Konrad 98
Luther, Martin 62

Madeline [Stuart, Madeline] 43
Mahler, Gustav 230
Malewitsch, Kasimir 183
Mill, Stuart 109
Montaigne, Michel de 67
Moore, George Edward 129
Moses 135, 216
Musil, Robert 123
Mussorgski, Modest Petrovich 39

Nicholson, Jack 24

Parmenides aus Elea 44
Pärt, Arvo 14, 21
Perry, Katy 37
Precht, Richard David 31, 32
Proust, Marcel 166

Raabe, Max 153
Rushkoff, Douglas 37

Salomo(n), König 110
Shakespeare, William 33
Shklar, Judith N. 125

Sloterdijk, Peter 147
Sokrates 109
Spengler, Oswald 104, 123, 217
Stifter, Adalbert 93
Strauß, Botho 24

Tacitus, Publius Cornelius 74
Tarantino, Quentin 99
Thales von Milet 90, 91
Torrance, Jack 106
Trakl, Georg 172

Ungerer, Tomi 149

Wagner, Richard 199
Wondratschek, Wolf 89

Virchov, Corinna 247
Visconti, Luchino 230

Zeta-Jones, Catherine 53
Zons, Raimar 247